아무리 바빠도 일주일에 꼭 한 번
52주
가정예배 3

아무리 바빠도 일주일에 꼭 한 번
52주
가정예배 3

초판발행 2020년 12월 14일
2쇄 발행 2024년 1월 10일

발 행 인 김은호
글 쓴 이 주경훈
발 행 처 도서출판 꿈미
등   록 제2014-000035호(2014년 7월 18일)
주   소 서울 강동구 양재대로81길 39 (성내동) 2층 2호
전   화 02-6413-4896, 팩스 02-470-1397
홈페이지 http://www.coommi.org
쇼 핑 몰 http://www.coommimall.com

ISBN 979-11-89047-78-8 03230

* 책값은 뒤표지에 있습니다.

* 이 교재는 도서출판 꿈미에서 만든 것으로 저작권법의 보호를 받으며 무단 전재 및 복제를 금합니다.

도서출판 꿈미는 가정과 교회가 연합하여 다음 세대를 일으키는 대안적 크리스천 교육기관인 사단법인 꿈이 있는 미래의 사역을 돕기 위해 월간지와 교재, 각종 도서를 출간합니다.

아무리 바빠도 일주일에 꼭 한 번

52주

가정예배 3

주경훈 지음

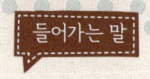
들어가는 말

2020년 1월, 태어나서 처음으로 코로나19(COVID-19)라는 단어를 듣게 됐고 지금은 매일같이 듣는다. 이렇게 매일같이 듣고, 쓰는 단어가 또 있을까? 코로나19의 출현으로 일상은 급격히 변했다. 혹자는 진정한 21세기는 2000년 1월 1일이 아니라 2020년 1월 1일이라고 말했다. 그 말에 전적으로 동의한다. 이제 세상은 코로나 이전(Before Corona)과 코로나 이후(After Corona)로 나뉘었다. 교회도 코로나19의 영향을 피할 수는 없었다. 어떻게 보면 교회는 종교개혁 때만큼이나 큰 과도기를 겪고 있다.

예배란 무엇인가?
교회의 역할은 무엇인가?
다음세대 교육은 어떻게 할 것인가?
교사의 역할은 무엇인가?
부모의 역할은 무엇인가?
교회는 어떻게 신앙 전수를 이룰 것인가?

지금도 교회에는 풀어야 할 과제와 숙제가 많다. 정답은 없다. 단지 답을 찾으려고 노력할 뿐이다. 그리고 찾은 답 중에 가장 명확한 답은 가정예배이다. 이 글을 쓰는 지금도 교회에서는 성도의 30%만이 예배에 참석할 수 있고, 70%는 가정에서 예배를 드린다. 코로나는 예배와 교육의 중심축을 교회에서 가정으로 옮겨 놓았다. 가정과 부모의 역할이 재조명되고 있다.

이런 때 무거운 심정으로 『52주 가정예배 3』을 집필하게 되었다. '꿈이 있는 미래' 사역을 시작할 때부터 가정예배는 늘 사역의 중심이었다. 생각해 보면 가정예배와 관련한 많은 사역을 진행했다. '가정예배 캠페인', '가정예배 세미나', '가정 선교사 파송식', '온라인 가정예배 지침서 영상 제작', 그리고 가장 최근에는 '참여형 가정예배 영상 자료 수집', '1,2,3 가정예배와 가정예배 솔루션'을 진행했다. 그렇게 사역을 진행하면서 모든 부모는 더 좋은 부모로 성장할 수 있고, 모든 가정은 더 행복한 가정이 될 수 있음을 확실히 깨달았다. 바로 가정예배를 통해서 말이다.

가정은 코로나 이전에도 중요한 예배 현장이었는데, 이후에는 예배 공간으로서의 지위가 더욱 확고해졌다. 이 책은 아무리 바빠도 일주일에 꼭 한 번 가정예배를 드리길 바라는 마음으로 집필했다. 매일 가정예배를 드리길 원한다면 꿈미 홈페이지(www.coommi.org)를 통해 다양한 자료를 받을 수 있다. 부족하지만 『52주 가정예배』 책이 3권까지 나올 수 있도록 사랑해 주신 모든 분에게 감사드린다. 함께 다음세대 회복을 위해 헌신하는 꿈미 사역자들에게 마음 깊이 감사드린다. 목회를 가르쳐 주시고 사역의 방향과 길을 안내해 주시는 김은호 목사님께도 진심으로 감사드린다.

"하나님은 영이시니 예배하는 자가 영과 진리로 예배할지니라"(행 4:24).

영과 진리로 예배하는 가정 예배자가 되길 바란다.

꿈미 있는 미래 소장 주경훈

차 례

들어가는 말 ·· 4
가정을 살려야 다음세대가 살아난다 ·· 10
영적 유산을 물려주라 ··· 13
가정예배를 위한 줄탁동시 ··· 16
가정예배 십계명 ·· 20
가정예배 서약서 ·· 21

| 1주 | 하나님의 말씀을 따르라 ··· 22
| 2주 | 하나님의 권위를 따르라 ··· 26
| 3주 | 두려워하지 말고 따르라 ··· 30
| 4주 | 겸손하게 따르라 ·· 34
| 5주 | 믿음으로 따르라 ·· 38

| 6주 | 하나님은 약속을 반드시 성취하신다 ································· 42
| 7주 | 성취하시는 하나님을 신뢰하라 ·· 46
| 8주 | 서원은 반드시 성취해야 한다 ··· 50
| 9주 | 하나님은 완전한 보호자이시다 ·· 54

| 10주 | 하나님의 약속으로 위로하라 | 58
| 11주 | 하나님의 사랑으로 위로하라 | 62
| 12주 | 사랑의 나눔으로 위로하라 | 66
| 13주 | 온전하게 되며 위로를 받으라 | 70

| 14주 | 생명을 주시는 예수님을 인정하라 | 74
| 15주 | 하나님의 능력을 인정하라 | 78
| 16주 | 하나님의 권위를 인정하라 | 82
| 17주 | 하나님의 도우심을 인정하라 | 86

| 18주 | 온전한 마음으로 자원하라 | 92
| 19주 | 온전한 마음으로 하나님을 예배하라 | 98
| 20주 | 온전한 마음으로 말씀을 지키라 | 102
| 21주 | 온전한 마음을 지키라 | 108
| 22주 | 온전한 마음으로 개혁하라 | 112

| 23주 | 구원의 하나님을 바라보라 ········· 116
| 24주 | 구원의 하나님을 의지하라 ········· 122
| 25주 | 구원의 하나님께 돌이키라 ········· 128
| 26주 | 구원의 하나님께 온전한 예배를 드리라 ········· 134

| 27주 | 바른 예배를 드리라 ········· 140
| 28주 | 항상 하나님을 예배하라 ········· 144
| 29주 | 경외함으로 하나님을 예배하라 ········· 148
| 30주 | 삶으로 하나님을 예배하라 ········· 152

| 31주 | 하나님이 세우시는 왕 ········· 158
| 32주 | 싸움의 기술 ········· 162
| 33주 | 하나님이 허락하신 땅에서 살아가는 삶의 자세 ········· 168
| 34주 | 하나님의 말씀을 듣고 지킬 때 일어나는 일 ········· 172
| 35주 | 어려운 일이 아니라 쉬운 일이다 ········· 176

| 36주 | 성전을 건축하라 ········· 180
| 37주 | 회복은 일어난다 ········· 184
| 38주 | 부흥은 이렇게 일어난다 ········· 188
| 39주 | 공동체를 위한 헌신을 결심하라 ········· 192

| 40주 | 하나님은 정의를 찾으시는 분임을 알라 ·········· 196
| 41주 | 하나님 앞에서 공의를 행하라 ·········· 200
| 42주 | 공의를 이루실 하나님을 바라보라 ·········· 204
| 43주 | 공의를 이루실 하나님을 두려워하라 ·········· 208
| 44주 | 하나님의 공의 안에서 기뻐하라 ·········· 212

| 45주 | 하나님의 말씀 안에서 담대하라 ·········· 216
| 46주 | 하나님의 영으로 담대하라 ·········· 220
| 47주 | 오실 왕과 함께 담대하라 ·········· 224
| 48주 | 하나님의 약속으로 담대하라 ·········· 228

| 49주 | 하나님은 심장을 살피신다 ·········· 232
| 50주 | 하나님의 주권을 인정하라 ·········· 236
| 51주 | 예수님만이 참 목자이시다 ·········· 240
| 52주 | 구원자를 보내신 하나님께 감사하라 ·········· 244

가정을 살려야
다음세대가 살아난다

▲▲▲

다음세대를 살려야 한다는 이야기는 어제오늘의 이야기가 아니다. 필자가 어렸을 때도 다음세대에 대한 염려와 고민이 있었다. 하지만 작금은 이전과는 상황이 확연히 다르다. 코로나19로 인해서 2020년도 전반기에는 교육이 제대로 진행되지 않았다. 학교와 주일학교의 문이 닫히거나 교육이 제한적으로 진행되었다. 사실 교육 공백기를 맞은 것이다. 지금의 상황은 마치 전시를 방불케 한다. 마스크를 써야 하고, 사람을 피해 다녀야 하며, 집 안에만 머물러야 하는 상황이다. 이런 시대에 다음세대의 신앙은 어떨까?

장로회신학대학교의 김효숙 교수는 다음세대의 신앙 형성에 영향을 미치는 요인을 연구했다(2019년).* 자녀와 부모, 교사를 대상으로 설문 조사를 진행했는데 그 결과가 흥미롭다. 자녀들은 자신들의 신앙 형성에 결정적인 영향을 준 요인에 대해 1위는 '주일 예배', 2위는 '수련회 등 교육 프로그램'이라고 응답했다. 부모와 교사가 응답한 순위는 같은데 1위가 '주일 예배', 2위가 '가정의 신앙문화'였다. 그런데 코로나19 때문에 주일 예배는 위축되었고, 수련회는 열리지 않았다. 아이들의 신앙 형성에 결정적

---

* 김효숙, "초(超)시대의 교회의 선교적 과제: 자녀-부모-교사 간 상호적 소통을 중심으로", 「선교와 신학」 제49집, 83-111.

인 영향을 미치는 두 모임이 사라진 것이다. 그렇다면 아이들의 신앙 형성에 세 번째로 영향을 미치는 것은 무엇인가? '가정의 신앙문화'이다. '가정의 신앙문화'는 부모와 교사가 두 번째로 선택한 중요한 요인이다. 따라서 포스트 코로나 시대에 아이들의 신앙 형성에 가장 중요한 요인은 '가정의 신앙문화'라고 할 수 있다.

가정의 신앙문화(신앙적 분위기)는 물론 코로나 이전에도 신앙 형성에 굉장히 중요한 요인이었다. 예배는 가정에서 시작되었으며, 구약성경이나 신약성경을 보더라도 가정은 늘 신앙 형성의 가장 중요한 장소였다. 이후 기독교 역사 속에서도 가정은 중요한 교육 기관이었으며 특별히 청교도들은 부모의 첫 번째 의무로 영적 교사로서 해야 할 역할을 강조했다. 우리나라 초대 교회 역시 가정을 신앙 형성의 장소로서 강조했다. 우리나라에서 1919년에 처음 발간된 「성경잡지」 제1권 1호의 첫 페이지에는 가정예배 설교문이 담겨 있다. 그 내용은 "가정예배는 도덕 근본 상의 작용이요, 그리스도교의 일종 특색으로 수신제가의 요소다"[*]라는 문장으로 시작된다. 우리나라 기독교는 초기부터 가정예배를 신앙 형성의 중요한 요소로 봤다.

다음세대를 살리려면 먼저 가정을 살려야 한다. 다음세대 사역과 가정 사역은 동전의 양면과 같다. 한국 교회는 특별히 가족 종교의 모습이 강하다. 목회데이터연구소의 조사(2019년 12월)에 의하면 교회에 출석하는 중고생의 모태 신앙 비율이 51%에 달한다. 부모 중 한 사람이라도 개신교인인 비율은 무려 85%나 된다. 이처럼 다음세대의 신앙 형성에 부모의 영향은 절대적이다. 이제라도 한국 교회는 부모 교육과 가정 교육에 투자해야 한

---

[*] 고사죽, "가정예배", 「성경잡지」 제1권 1호(조선야소교서회, 1918), 1.

다. 부모가 가정에서 믿음으로 살아가도록 교육해야 한다. 부모가 자녀의 신앙 형성에 긍정적인 영향을 미치도록 교회가 도와야 한다. 부모가 주일학교 선생님처럼 자녀들을 앉혀 놓고 성경을 가르쳐야 한다는 말이 아니다. 가정의 일상에 기독교 문화가 스며들게 해야 한다.

쉬운 것부터 시작해 보자. 일주일에 적어도 두 번 이상은 온 가족이 함께 식사하자. 식사 전에 부모 중 한 사람이 식사 기도를 하도록 하자. 가정의 변화는 작은 것의 반복에서 시작된다. 그리고 일주일에 꼭 한 번이라도 가정예배를 드려 보자. 비록 일주일에 한 번이지만 우리 가정의 신앙 형성에 결정적인 영향을 미칠 것이다. 가정을 살려야 다음세대가 살아난다. 먼저 식사 기도와 가정예배를 해 보기를 강력히 추천한다.

영적 유산을
물려주라

▴ ▴ ▴

　시간이 쌓이면 문화가 되고 전통이 된다. 부모의 가장 큰 사명은 좋은 영적 유산을 자녀에게 넘겨주는 것이다. 사실 모든 부모는 자녀에게 무엇인가를 넘겨준다. 또한 자녀는 모두 선대에서 영향을 받는다. 먼저는 유전적인 특성을 물려받는다. 우리의 혈액, 체질, 외모는 부모로부터 물려받은 것이다. 때로는 '나에게 어떻게 이런 자녀가 나왔는가!' 하고 놀라기도 하지만, 외모로 볼 때 부모에게서 완전히 자유로운 자녀는 없다. 생리적 특성뿐만 아니라 기질, 성격, 성향, 습관을 물려받기도 한다. 특별히 이것만은 닮지 않았으면 하는 면은 왜 그렇게 꼭 닮는지 모른다. 마지막으로 영적 습관 또한 부모에게서 물려받는다. 이미 여러 연구를 통해 자녀들의 영적 형성에 가장 큰 영향을 미치는 대상이 부모임이 증명되었다. 그러므로 부모는 주의해야 한다. 지금도 부모는 자녀에게 영향을 미치고 있다.

　그렇다면 영적 유산이란 무엇인가? 『하늘 유산』(미션월드라이브러리, 2005)의 저자 오티스 레드베터(Otis Ledbetter)는 영적 유산을 다음과 같이 정리했다.

　첫째, 유산이란 누군가가 남겨 놓은 것, 어떤 행동이나 사건, 사람에 의해 비롯된 것을 의미한다. 달리 말하면, 유산은 말보다 행동이 앞서는 것이다.

둘째, 영적 유산은 사건이 아니라 과정이다.

셋째, 부모는 영적 유산을 형성하고 강화해야 하는 사람이며, 영적 실체는 가르칠 수 있는 것이라기보다는 포착하는 것이다.

넷째, 그렇게 할 때 아이들은 눈에 보이지 않는 영적 삶의 실체를 분명히 깨달을 수 있다.

정리하면 영적 유산이란 부모가 자녀에게 주는 영적, 감성적, 사회적 상속물이다.

이와 관련해서 유명한 두 집안의 이야기가 있다. 바로 18세기의 조나단 에드워즈와 주크가(家)의 이야기이다. 조나단의 아버지는 목사였으며, 어머니는 성직자의 딸이었다. 에드워즈가는 20세기 후반까지 14명의 학장, 100여 명의 대학교수, 100명이 넘는 변호사, 30명의 판사, 60명의 의사를 배출했다. 기독교 신앙도 깊어 100명이 넘는 성직자, 선교사, 신학자와 60여 명의 저술가를 배출했다. 조나단 에드워즈의 삶은 자녀들에게 계속해서 영향을 미쳤으며, 그의 삶은 에드워즈 가문만이 아니라 미국 사회 전반에 큰 영향을 미쳤다. 이와 반대로 주크가에서는 18세기 이래 300명의 극빈자, 60명의 도둑, 130명의 유죄 판결을 받은 범법자, 55명의 성적 강박 관념의 희생자, 7명의 살인범이 나왔다. 고작 20명이 직업 교육을 받았는데, 그중에서 10명은 교도소에서 교육을 받은 것이다. 뉴욕 주정부는 주크가 때문에 입은 재정적 손실이 수백만 달러에 달한다고 추산했다.

이런 통계는 부모 세대가 자녀에게 어떤 영향을 미치는가를 보여 주는 단적인 예이다. 늘 궁금했다. 조나단 에드워즈는 부모로서 자녀들과 어떻게 관계를 맺었기에 이런 가문이 되었을까? 조나단 에드워즈와 관련된 많은 책을 읽고 나서 이런 부모 밑에서 이런 자녀가 나오는 것은 너무나 당연하다는 사실을 깨달았다. 에드워즈는 목회자로서, 신학자로서, 선교사로서 늘 바쁜 삶을 살았지만, 그의 중대한 관심사는 언제나 자녀의 영혼을 돌보는 것이었다. 에드워즈는 아침 예배 때 자녀들의 나이에 맞는 수준으로 성경 퀴즈를 냈다. 식사 때마다 가정예배를 병행했고, 아내 세라는 일과가 끝나면 서재에서 남편과 함께 매일 기도했다. 자녀들은 부모와 성경 이야기를 나누는 것을 즐겼고, 부부는 함께 책을 보고 기도하면서 가정의 영적 분위기를 거룩하게 만들었다. 이런 일상이 평생 지속되었다. 부모로서 자녀를 돌보는 일을 항상 최우선에 두고 산 에드워즈와 세라는 평생 가난하게 살았지만, 자녀들에게 풍성한 영적 유산을 남겨 주었다.

영적 유산이야말로 자녀가 부모에게서 물려받는 것 중에 최고로 값지다. 영적 유산은 한계와 기한이 없이 영원히 가치 있기 때문이다. 물질은 있다가도 없어진다. 또한, 많은 물질적 유산이 자녀들에게 꼭 도움이 된다는 보장은 없다. 도리어 물질이 독이 되기도 한다. 하지만 영적 유산은 고갈되지 않고 평생 남는다. 자녀들의 삶에 절대적인 영향을 미친다. 더군다나 자녀의 자녀에게까지 영향을 미친다.

자녀들이 태어나 성장한 가정은 중요하다. 하지만 앞으로 이루어야 할 가정이 더 중요하다. 부모들은 성공적으로 하늘 유산을 물려주어야 한다. 가정예배는 하늘 유산을 물려주는 통로이자, 하늘 유산 그 자체이다. 일주일 동안 가정에서 벌어지는 모든 일 가운데 가정예배가 가장 중요하다. 가정이 해야 할 우선순위는 가정예배 이후에 세워야 한다. 자녀에게 가정예배를 물려준 부모는 모든 것을 물려준 것이다.

가정예배를 위한
줄탁동시

어미의 품속에 안긴 알은 21일간 별다른 반응이 없다. 어미 닭에게 21일은 병아리가 단단한 껍데기 속에서 죽었는지 살았는지 모를 답답한 시간이다. 이때 어미 닭이 할 수 있는 일은 보통 세 가지가 있지 않을까? 21일간의 시간을 기다리지 못하고 껍데기를 깨서 확인하든지, 계속해서 알을 품어야 할 의미를 발견하지 못해 알 품기를 포기하든지, 아니면 아무런 반응이 없어도 껍데기 속에 생명이 있다는 믿음을 가지고 계속해서 알을 품는 것이다. 믿음을 가지고 품을 때 어느 순간 단단한 껍데기 안쪽에서 반응이 오기 시작한다. 병아리가 껍데기를 깨고 나오기 위해 안쪽에서 껍데기를 쪼는 것이다. 민감하게 기다리던 어미 닭은 소리가 나는 바로 그 지점을 껍데기 밖에서 같이 쪼아 준다. 드디어 껍데기는 깨지고 새로운 생명이 태어난다.

가정예배를 생각할 때마다 '줄탁동시'(啐啄同時)란 사자성어가 생각난다. 병아리가 안에서 쪼는 것을 줄(啐)이라 하고, 어미 닭이 밖에서 그 소리를 듣고 화답하는 것을 탁(啄)이라고 한다. 줄탁(啐啄)은 동시에 일어나고 이때 어떤 일이 완성된다고 해서 줄탁동시란 말이 탄생했다. 가정예배에서 줄탁동시가 일어나야 한다. 부부간의, 부모 자녀 간의 줄탁동시가 일어나야 역동적으로 가정예배를 드릴 수 있다. 가정예배 세미나 이후에 부모들에게 가장 많이 듣는 질문은 "어떻게 하면 자녀와 가정예배를 잘 드릴 수 있는가?"이다. 당연하고도 가장 중요한 질문이다. 이에 대해 많은 이야기를 할 수 있겠지만 다음의 세 가지가 바탕이 되어야 한다.

첫 번째는 기다림이다

어미 닭의 뱃속에서 알이 나왔다고 생명이 태어난 것은 아니다. 그때부터 생명이 자라난다. 언제일지는 모르지만, 병아리가 껍데기 안쪽에서 줄(啐)할 때까지 기다려야 한다. 아무 일도 일어나지 않는 것 같은 기다림의 시간이 생명을 영글게 한다. 풋사과가 맛있는 사과가 되기까지 시간이 필요하다. 무엇이든지 맛이 나고 멋이 생기기까지 시간이 필요하다. 스스로 생명이 자라고, 생각이 단단해지고, 내면이 균형을 이룰 시간을 주어야 한다. 가정예배는 한 사람의 바람만으로 되는 것이 아니다. 강제로 모든 식구를 모은다고 해서 되는 것도 아니다. 식구들은 각자 신앙 성숙에 차이가 있다. 때로는 예배를 드리겠다고 모였는데 협조를 잘 안 하고, 반응도 없고, 빨리 끝내자고 사인을 보내기도 한다. 기다림이 필요한 때다. 가족을 사랑하기에 기다려야 한다. 성경은 사랑을 표현할 때 기다림을 세 번이나 강조한다. "사랑은 오래 참고…", "모든 것을 참으며…", "모든 것을 견디느니라"(고전 13:4-7). 지금까지 안 드리던 가정예배를 갑자기 드리려고 하면 서로에게 부담이 된다. 서로 관계가 친밀하지 않고 서먹하다면 더욱 그럴 것이다. 가족의 성장을 믿으며 기다려야 한다.

두 번째는 경청이다

어미 닭은 기다리는 동안 껍데기 안에서 병아리가 보이는 반응에 민감해야 한다. 껍데기 안에서 병아리가 보내는 신호(signal)를 잘 들어야 한다. 껍데기 속의 병아리가 보내는 소리를 듣지 못하고 적절한 반응을 해 주지 못하면 병아리는 몸부림을 치다 힘에 부쳐 껍데기 안에서 질식사할 수 있다. 가정예배를 드리다 보면 가족은 계속해서 신호(signal)를 보낸다. 자신의 영적 상태, 사회적 관계의 어려움, 진로와 진학 고민 등 수많은 신호를 보낸다. 때로는 그 사람이 무심코 내뱉은 말 한마디에서 심각한 영혼의 문제를 알아챌 수도 있다. 가정예배는 소통의 공간이어야 한다. 하나님 앞에서 어떤 이야기도 할 수 있는 안전한 공간이어야 한다. 부모는 가정예배를 또 다른 훈육이나 잔소리의 시간으로 삼아서는 안 된다. 부모는 적게 말하고 자녀가 많이 말할 기회를 주어야 한다. 모든 문제는 잘 듣지 않는 데서 시작된다. 잘 들어주는 것만으로도 문제는 대부분 해결된다. 사실 '들어준다'라는 말은 느낌이 별로 좋지 않다. 무엇인가 상대를 위해서 선심을 쓰는 듯한 어감이 든다. 그래서 국제 코치연맹 공인 라이프 코치 전문가 정진은 경청이란 들어주는 것이 아니라 '존재와 함께하는 것'이라고 했다. 적절한 표현이다. 가정예배를 드릴 때 나를 깊이 사랑해 주는 존재가 나와 함께한다는 것을 느낀다면 그 시간은 기다려지는 시간이 될 것이다.

세 번째는 상호작용이다

생명은 자라나기를 원하는 자녀(학생)의 몸부림과 성장시키길 원하는 부모(교사)의 간절함이 만들어 내는 상호 작용이다. 알 속의 병아리가 먼저 '줄'(啐) 해야 한다. 먼저 껍데기 안에서 껍데기를 쪼기 시작해야 껍데기 밖에서 어미 닭이 '탁'(啄), 즉 바깥에서 껍데기를 쪼기 시작한다. 상호작용이 있어야 한다. 이때 어미 닭은 다른 곳을 쪼는 것이 아니라 안에서 '줄' 하는 바로 그곳을 '탁' 해야 한다. 서로의 노력이 만날 때 단단한 껍데기가 깨진다. 부모(교사)의 노력만으로는 안 된다. 또한 자녀(학생)의 노력만으로도 안 된다. 서로 열정적으로 상호 작용을 해야 한다. 성경 속에서 변화와 성장을 경험한 사람은 모두 그랬다. "예수께서 돌이켜 그를 보시며 이르시되 딸아 안심하라 네 믿음이 너를 구원하였다 하시니 여자가 그 즉시 구원을 받으니라"(마 9:22). 12년간 혈루증을 앓은 여인이 예수님을 향해 가진 믿음과 예수님의 은혜가 만나 구원이 이루어졌다. "예수께서 그들의 믿음을 보시고 중풍 병자에게 이르시되 작은 자야 네 죄 사함을 받았느니라 하시니"(막 2:5). 예수님은 "그들의 믿음을 보시고" 병을 고쳐 주셨다. 가정예배는 교회 예배와는 다르다. 부모가 가정에서 목사님처럼 예배를 인도할 수도 없고 그렇게 해서도 안 된다. 가정예배에서는 가족 구성원들이 서로 친밀한 상호 작용을 해야 한다.

줄탁동시는 부모와 자녀의 노력이 만들어 내는 생명 탄생의 순간이다. 기다림과 경청, 그리고 상호 작용을 통해서 자녀는 가정예배의 어색함이라는 껍데기를 깨고 적극적인 참여자로 거듭날 것이다. 모든 믿음의 가정이 하나님의 임재가 가득한 역동적인 가정예배를 드리게 되길 바란다.

가정예배 십계명

1. 우리 가정은 하나님이 세우신 공동체로서 교회 같은 가정을 이루기 위해 최선을 다한다.
2. 영적인 세대 계승을 이루어 가정에 영적 기념비를 세운다.
3. 아무리 바빠도 일주일에 한 번 가정예배를 드린다.
4. 부모는 영적인 교사로서 자녀들에게 본이 되는 삶을 살아간다.
5. 자녀는 부모를 하나님의 대리자로 여겨 공경하며 가르침에 순종한다.
6. 가정예배 헌금을 드려 하나님 나라와 이웃을 위해 흘려보낸다.
7. 가족 여행 중에도 정한 시간이 되면 있는 곳에서 예배를 드린다.
8. 급한 일로 가정예배를 드리지 못할 일이 생길 때는 그 시간, 그 자리에서 간단하게 기도한다.
9. 가정예배 중에는 열린 대화를 하며 서로의 생각과 의견을 존중한다.
10. 가정예배를 드린 후 기록한 우리 가족 미션을 이루기 위해 한 주간 최선의 노력을 다한다.

가정예배 서약서

나는 가정의 영적 제사장으로서
하나님이 나에게 부여하신 사명을 따라
가정예배의 회복과 신앙의 세대 계승을 위해
가정예배를 시작할 것을 하나님 앞에 서약합니다.

가정예배 요일:
가정예배 시간:
가정예배 서약자:
가정예배 규칙:

년   월   일
서약자:　　　　　　　(인)

| 1주 |

하나님의 말씀을 따르라

- 민수기 9:15-23
- 찬송가 516장 옳은 길 따르라 의의 길을

민수기 9장 15-23절

¹⁵ 성막을 세운 날에 구름이 성막 곧 증거의 성막을 덮었고 저녁이 되면 성막 위에 불 모양 같은 것이 나타나서 아침까지 이르렀으되

¹⁶ 항상 그러하여 낮에는 구름이 그것을 덮었고 밤이면 불 모양이 있었는데

¹⁷ 구름이 성막에서 떠오르는 때에는 이스라엘 자손이 곧 행진하였고 구름이 머무는 곳에 이스라엘 자손이 진을 쳤으니

¹⁸ 이스라엘 자손이 여호와의 명령을 따라 행진하였고 여호와의 명령을 따라 진을 쳤으며 구름이 성막 위에 머무는 동안에는 그들이 진영에 머물렀고

¹⁹ 구름이 성막 위에 머무는 날이 오랠 때에는 이스라엘 자손이 여호와의 명령을 지켜 행진하지 아니하였으며

²⁰ 혹시 구름이 성막 위에 머무는 날이 적을 때에도 그들이 다만 여호와의 명령을 따라 진영에 머물고 여호와의 명령을 따라 행진하였으며

²¹ 혹시 구름이 저녁부터 아침까지 있다가 아침에 그 구름이 떠오를 때에는 그들이 행진하였고 구름이 밤낮 있다가 떠오르면 곧 행진하였으며

²² 이틀이든지 한 달이든지 일 년이든지 구름이 성막 위에 머물러 있을 동안에는 이스라엘 자손이 진영에 머물고 행진하지 아니하다가 떠오르면 행진하였으니

23 곧 그들이 여호와의 명령을 따라 진을 치며 여호와의 명령을 따라 행진하고 또 모세를 통하여 이르신 여호와의 명령을 따라 여호와의 직임을 지켰더라

모르는 곳을 운전해서 가거나 여행을 할 때 그 지역을 잘 아는 사람과 함께하면 걱정할 것이 없습니다. 복잡한 인생길을 가는 동안에도 동행하며 안내해 줄 분이 있다면 얼마나 좋을까요? 하나님이 바로 그런 분입니다. 하나님이 우리 인생길의 안내자가 되어 주십니다. "사람의 걸음은 여호와로 말미암나니 사람이 어찌 자기의 길을 알 수 있으랴"(잠 20:24). 이스라엘은 길이 없는 광야를 걷고 있습니다. 하지만 문제가 없습니다. 하나님이 함께하시기 때문입니다.

하나님이 함께하신다는 것을 확신하라

이스라엘 백성이 성막을 세운 날 구름이 성막을 덮었습니다. 저녁에는 불이 나타나 아침까지 성막 위에 머물렀습니다(15절). 구약에서 구름과 불은 하나님의 임재를 상징합니다. 하나님은 낮에는 구름으로 밤에는 불로 이스라엘 위에 임재하셨습니다. 이스라엘 백성은 성막을 중심으로 진을 쳤습니다. 그래서 어디서든 진 중앙에 떠 있는 구름과 불을 볼 수 있었습니다. 그들은 성막 위에 떠 있는 구름과 불을 보면서 하나님이 함께하심을 알 수 있었습니다. 인생길을 하나님께 맡기며 걸어갈 때 가장 중요한 것은 하나님이 나와 함께하심을 확신하는 것입니다. 이 확신이 무너지면 하나님을 의지할 수 없습니다. 하나님은 이스라엘 백성에게 이 확신을 주시려고 눈에 보이는 구름으로 이스라엘과 함께하셨습니다. 때로는 한 달이든 일 년이든 이동하지 않더라도 하나님이 함께하신다는 믿음만 있다면 불안해할 필요가 없습니다. 하나님이 함께하시기 때문입니다.

하나님의 속도에 따라 이동하라

　운전을 하다 보면 나도 모르게 속도가 빨라집니다. 생각해 보면 그렇게 바쁜 일도 없는데 속도를 위반하면서까지 가능한 한 더 빨리 가려고 합니다. 광야 길에도 도로 주행 속도가 있습니다. 우리 눈에는 보이지 않지만, 하나님이 정확히 알고 계십니다. 그리고 그 속도대로 인생길을 인도하십니다. 그렇기 때문에 늦을 일도 과속할 일도 없이 정확한 시각에 도착할 것입니다. 광야에서는 구름이 내려앉으면 텐트를 치고 생활해야 합니다. 하지만 구름이 다시 떠오르면 텐트를 접고 급히 이동해야 합니다. 광야에서 텐트를 치고 접는 일은 쉽지 않습니다. 가족과 가축이 머물러야 했기에 텐트의 크기가 작지도 않았습니다. 더군다나 언제 움직일지 예측이 되지 않습니다. 구름이 오랫동안 머물 때도 있었지만 하루 만에 떠나는 날도 있었습니다(21절). 광야 훈련은 속도 훈련입니다. 우리의 인생길을 하나님께 맡겼다면 하나님의 속도를 따라 살아야 합니다. 하나님은 계획이 있으시고 정확한 시각에 목적지에 도착하게 하실 것입니다.

　광야는 낯설고 불편한 땅입니다. 길도 방향도 몰라서 어떤 계획도 세울 수 없습니다. 이전에 애굽에서 익힌 지식과 기술은 광야에서 큰 도움이 되지 않습니다. 계속해서 이동하기 때문에 하루하루가 낯선 것뿐입니다. 광야에서 생존할 수 있는 유일한 방법은 하나님을 의지하는 것뿐입니다. 하나님이 지금도 함께하신다는 것을 확신하길 바랍니다. 하나님이 우리 가정이 가야 할 길을 정확히 알고 계시고, 안전한 속도로 인도하십니다. 하나님께 인생길을 맡길 때 매일 삶에서 하나님의 기적과 은혜를 누리게 됩니다.

❸ 나눔

1. 하나님이 함께하심을 확신한 경험이 있다면 가족과 나눠 보세요.
2. 하나님이 이끄시는 방향과 속도를 따라 살아가기 위해서 우리 가정이 어떤 노력을 해야 할지 나눠 보세요.

❸ 기도

길과 진리와 생명이신 하나님, 우리 가정과 함께하시고 인도해 주셔서 감사합니다. 이스라엘 위에 항상 구름이 가득하던 것처럼 우리 가정에 하나님의 임재가 가득하길 원합니다. 하나님이 이끄시는 대로 발걸음을 옮기는 가정이 되길 원합니다. 우리 가정의 목적이 광야를 통과하는 것이 아니라 하나님과 함께하는 것이길 소망합니다. 우리 가정의 길 되시는 예수님의 이름으로 기도합니다. 아멘.

❸ 이번 주 우리 가족 미션

❸ 한 주의 생명 양식

1. ♥ 민 9:1-14
2. ♥ 민 9:15-23
3. ♥ 민 10:1-10

2주

하나님의 권위를 따르라

- 민수기 12:1-16
- 찬송가 430장 주와 같이 길 가는 것

민수기 12장 1-16절

1 모세가 구스 여자를 취하였더니 그 구스 여자를 취하였으므로 미리암과 아론이 모세를 비방하니라

2 그들이 이르되 여호와께서 모세와만 말씀하셨느냐 우리와도 말씀하지 아니하셨느냐 하매 여호와께서 이 말을 들으셨더라

3 이 사람 모세는 온유함이 지면의 모든 사람보다 더하더라

4 여호와께서 갑자기 모세와 아론과 미리암에게 이르시되 너희 세 사람은 회막으로 나아오라 하시니 그 세 사람이 나아가매

5 여호와께서 구름 기둥 가운데로부터 강림하사 장막 문에 서시고 아론과 미리암을 부르시는지라 그 두 사람이 나아가매

6 이르시되 내 말을 들으라 너희 중에 선지자가 있으면 나 여호와가 환상으로 나를 그에게 알리기도 하고 꿈으로 그와 말하기도 하거니와

7 내 종 모세와는 그렇지 아니하니 그는 내 온 집에 충성함이라

8 그와는 내가 대면하여 명백히 말하고 은밀한 말로 하지 아니하며 그는 또 여호와의 형상을 보거늘 너희가 어찌하여 내 종 모세 비방하기를 두려워하지 아니하느냐

9 여호와께서 그들을 향하여 진노하시고 떠나시매

10 구름이 장막 위에서 떠나갔고 미리암은 나병에 걸려 눈과 같더라 아론이 미리암을 본즉 나병에 걸렸는지라
11 아론이 이에 모세에게 이르되 슬프도다 내 주여 우리가 어리석은 일을 하여 죄를 지었으나 청하건대 그 벌을 우리에게 돌리지 마소서
12 그가 살이 반이나 썩어 모태로부터 죽어서 나온 자 같이 되지 않게 하소서
13 모세가 여호와께 부르짖어 이르되 하나님이여 원하건대 그를 고쳐 주옵소서
14 여호와께서 모세에게 이르시되 그의 아버지가 그의 얼굴에 침을 뱉었을지라도 그가 이레 동안 부끄러워하지 않겠느냐 그런즉 그를 진영 밖에 이레 동안 가두고 그 후에 들어오게 할지니라 하시니
15 이에 미리암이 진영 밖에 이레 동안 갇혀 있었고 백성은 그를 다시 들어오게 하기까지 행진하지 아니하다가
16 그 후에 백성이 하세롯을 떠나 바란 광야에 진을 치니라

하나님은 75세의 노인 아브라함을 선택하시고, 가족에게도 인정받지 못한 다윗을 이스라엘의 가장 위대한 왕으로 선택하십니다. 예수님의 족보에는 기생 라합이 나옵니다. 예수님의 제자들을 보면 한결같이 무엇인가 부족한 사람들입니다. 하나님은 세상의 미련한 것들을 택하사 지혜 있는 자들을 부끄럽게 하시고 세상의 약한 것들을 택하사 강한 것들을 부끄럽게 하십니다(고전 1:27).

권위는 하나님에게서 주어진다

모세가 구스 여자와 결혼했습니다. 그리고 이 일을 발단으로 모세는 가족인 미리암과 아론에게 비방을 받았습니다(1절). 미리암과 아론은 이미 훌륭한 영적 지도자였습니다. 미리암은 모세가 애굽 공주의 품으로 갈 때 용기와 기지를 발휘해 공주에게 유모를 소개한 여인입니다. 아론은 말을 잘하여 모세의 대변인과 같은 역할을 한 사람으로서 대제사장입니다. 하

지만 모세는 하나님이 세우신 지도자입니다. 모세에게 위기가 생길 때 마지막까지 도와주어야 할 미리암과 아론이 자신들에게도 모세와 같은 권위가 있다고 항변합니다. 이는 명백한 착각입니다. 미리암과 아론에게 주어진 권위도 큰 것이지만 모세와 비교할 수는 없습니다. 권위는 자신이 주장한다고 해서 주어지는 것이 아니라 하나님이 주시는 것입니다.

하나님이 원하시는 방향으로 권위를 사용하라

미리암과 아론이 자신에 대해서 반기를 들었을 때 모세는 마음이 굉장히 아팠을 것입니다. 그런데 모세는 온유함이 지면의 모든 사람보다 더한 사람이었습니다(3절). '온유함'으로 번역된 히브리어 '아나브'는 '대답하다'라는 의미의 히브리어 동사 '아나'에서 파생한 단어입니다. 고대 시대에 대답하는 사람이란 종을 의미합니다. 즉 모세의 온유함이란 하나님 앞에서 자신을 종으로 낮추는 겸손함을 의미합니다. 미리암과 아론의 반란에 하나님이 진노하셨습니다. 미리암은 나병에 걸려 눈처럼 하얗게 되었습니다(10절). 모세는 이때 하나님이 주신 권위를 가지고 미리암을 고쳐 달라고 기도합니다(13절). 그는 하나님의 말씀을 겸손히 경청하지만 간구할 일이 있으면 힘을 다해 부르짖어 기도하는 리더였습니다. 실수하고 부족한 사람이었지만 점차 자신에게 주어진 권위를 지혜롭게 사용할 줄 아는 리더로 변해 간 것입니다.

모세의 권위를 흔들려고 한 미리암과 아론의 반란은 도리어 모세가 하나님이 세운 리더임을 이스라엘 공동체에 드러내는 계기가 되었습니다. 하나님이 세우신 리더를 사랑하고 존중해야 합니다. 그리고 나에게 어떤 권위가 주어졌다면, 그 권위를 하나님의 뜻에 맞게 잘 사용해야 합니다.

🌱 나눔

1. 성경에 나온 리더 가운데 내가 존경하는 리더는 누구인지 생각해 보고, 왜 그 사람을 존경하는지 가족과 나눠 보세요.
2. 하나님이 나를 리더로 세우신다면, 나는 어떤 리더가 되고 싶은지 가족과 나눠 보세요.

🌱 기도

하나님, 저희 가정이 하나님 앞에 온유하길 원합니다. 하나님의 말씀을 경청하고 하나님이 세우신 리더를 존중하고 사랑하는 가정이 되게 하소서. 교회, 국가, 가정, 회사, 학교에 하나님이 세우신 리더를 위해 간절히 기도하는 가정이 되게 하소서. 왕이신 예수님의 이름으로 기도합니다. 아멘.

🌱 이번 주 우리 가족 미션

🌱 한 주의 생명 양식

1. ❤ 민 10:11-36
2. ❤ 민 11:1-15
3. ❤ 민 11:16-25
4. ❤ 민 11:26-35
5. ❤ 민 12:1-16
6. ❤ 민 13:1-20
7. ❤ 민 13:21-33

3주

두려워하지 말고 따르라

- 민수기 14:1-10
- 찬송가 438장 내 영혼이 은총 입어

민수기 14장 1-10절

1 온 회중이 소리를 높여 부르짖으며 백성이 밤새도록 통곡하였더라
2 이스라엘 자손이 다 모세와 아론을 원망하며 온 회중이 그들에게 이르되 우리가 애굽 땅에서 죽었거나 이 광야에서 죽었으면 좋았을 것을
3 어찌하여 여호와가 우리를 그 땅으로 인도하여 칼에 쓰러지게 하려 하는가 우리 처자가 사로잡히리니 애굽으로 돌아가는 것이 낫지 아니하랴
4 이에 서로 말하되 우리가 한 지휘관을 세우고 애굽으로 돌아가자 하매
5 모세와 아론이 이스라엘 자손의 온 회중 앞에서 엎드린지라
6 그 땅을 정탐한 자 중 눈의 아들 여호수아와 여분네의 아들 갈렙이 자기들의 옷을 찢고
7 이스라엘 자손의 온 회중에게 말하여 이르되 우리가 두루 다니며 정탐한 땅은 심히 아름다운 땅이라
8 여호와께서 우리를 기뻐하시면 우리를 그 땅으로 인도하여 들이시고 그 땅을 우리에게 주시리라 이는 과연 젖과 꿀이 흐르는 땅이니라
9 다만 여호와를 거역하지는 말라 또 그 땅 백성을 두려워하지 말라 그들은 우리의 먹이라 그들의 보호자는 그들에게서 떠났고 여호와는 우리와 함께 하시느니라 그들을 두려워하지 말라 하나

10 온 회중이 그들을 돌로 치려 하는데 그 때에 여호와의 영광이 회막에서 이스라엘 모든 자손에게 나타나시니라

두려움은 사람의 가장 기본적인 감정입니다. 두려움은 나쁜 감정이 아니라 잘 관리해야 할 감정입니다. 두려워할 것을 두려워하지 않으면 도리어 큰 사고를 당할 수 있습니다. 반면 두려워하지 않아도 될 것을 두려워하면 삶이 불안해집니다. 늘 사고가 일어날까 봐 두려워하는 마음을 가지면 정상적인 삶을 살 수가 없습니다. 두려워해야 할 것은 두려워하고 두려워하지 않아도 될 것은 편안하게 생각해야 건강하게 살아갑니다. 오늘 본문에서 이스라엘은 극도로 두려워합니다. 집단 전체가 두려움에 빠져 위태로워 보이기까지 합니다. 두려움을 극복하려면 어떻게 해야 할까요?

불평을 멈추고 믿음을 가지라

이스라엘 백성은 가나안 땅을 정탐하고 돌아온 정탐꾼들의 이야기를 듣고 두려움에 싸였습니다. 정탐꾼 열 명은 "그 땅의 거주민은 크고, 숫자는 많고, 우리보다 힘이 더 세서, 우리는 스스로 보기에도 메뚜기 같다"라고 평가합니다. 이 보고를 듣고 이스라엘은 밤새도록 통곡합니다(1절). 자신들을 인도한 모세와 아론을 원망합니다(2절). 급기야 애굽으로 다시 돌아가자고 합니다(3절). 극심한 두려움에 싸인 것입니다. 하지만 정탐꾼들의 보고는 객관적이지 않았습니다. 그들은 객관적인 사실을 보고한 것이 아니라 자신들의 두려움을 섞어서 약속의 땅을 악평했습니다(민 13:32). 두려움은 전염성이 강합니다. 이 두려움은 왜곡된 것이었습니다. 이스라엘 백성이 출애굽 해서 여기까지 자신들의 힘으로 온 것이 아니었습니다. 하나님이 다 하셨습니다. 이스라엘은 단지 믿고 따라왔을 뿐입니다. 가나안

땅 역시 마찬가지입니다. 가나안 땅은 이스라엘이 힘으로 빼앗을 곳이 아니라, 하나님이 선물로 주시는 땅입니다. 불평을 멈추고 믿음으로 반응해야 합니다.

하나님의 시각으로 세상을 바라보라

모든 사람이 자기감정에 취해 두려워할 때 여호수아와 갈렙은 이스라엘의 불신앙을 보고 분노합니다. 여호수아와 갈렙은 가장 객관적인 진실을 말합니다. 첫 번째로 그곳은 심히 아름다운 땅이며(7절), 두 번째로 여호와께서 자신들을 기뻐하시면 자신들을 그 땅으로 인도하여 들이시고 그 땅을 자신들에게 주신다는 것입니다(8절). 이것이 진실입니다. 여호수아와 갈렙은 하나님의 시각으로 가나안 땅을 바라보고 있습니다. 하나님이 온 땅의 왕이시며, 온 땅에서 일어나는 일은 하나님의 뜻대로 진행됩니다. 그러므로 하나님의 시각으로 세상을 보는 것이야 말로 가장 객관적인 관점입니다. 하나님의 사람은 하나님의 시각으로 세상을 바라봐야 합니다. 세상이 두려운 이유는 세상의 기준으로 세상을 보기 때문입니다. 반면 하나님의 시각으로 세상을 바라보면 세상은 두려운 공간이 아니라 하나님의 뜻을 펼쳐야 할 공간이 됩니다. 영적 고도를 높여 하나님의 시각으로 세상을 바라보는 가정이 되길 바랍니다.

하나님이 우리에게 주신 것은 두려워하는 마음이 아닙니다. 하나님은 우리가 이 땅에서 두려움에 사로잡혀 후퇴하는 삶을 사는 것이 아니라, 믿음을 가지고 전진하는 삶을 살길 원하십니다. 세상을 두려워하지 말고, 오직 한 분 하나님만을 경외하는 가정이 되길 바랍니다. 여기까지 인도하신 하나님이 그날까지 인도하실 것입니다.

❸ 나눔

1. 지나고 보니 별것 아니었는데, 순간 두려워서 불만과 불평을 쏟아낸 경험이 있으면 가족과 나눠 보세요.
2. 지금 내가 가장 두려워하는 것은 무엇인가요? 하나님은 그 두려움을 어떻게 생각하실지 가족과 함께 나눠 보세요.

❸ 기도

우리 가정에 항상 좋은 것을 주기 원하시는 하나님, 감사합니다. 우리 가정 안에서 이루어지는 대화가 두려움과 불평이 아니라, 믿음과 감사이길 원합니다. 우리 가정의 영적 고도를 높이셔서 하나님이 보시는 것을 우리 가정 역시 보게 하소서. 우리 가정의 힘이 되시는 예수님의 이름으로 기도합니다. 아멘.

❸ 이번 주 우리 가족 미션

❸ 한 주의 생명 양식

1. ♥ 민 14:1-10
2. ♥ 민 14:11-25
3. ♥ 민 14:26-35
4. ♥ 민 14:36-45
5. ♥ 민 15:1-16
6. ♥ 민 15:17-31
7. ♥ 민 15:32-41

4주

겸손하게 따르라

- 민수기 16:25-35
- 찬송가 370장 주 안에 있는 나에게

민수기 16장 25-35절

²⁵ 모세가 일어나 다단과 아비람에게로 가니 이스라엘 장로들이 따랐더라
²⁶ 모세가 회중에게 말하여 이르되 이 악인들의 장막에서 떠나고 그들의 물건은 아무 것도 만지지 말라 그들의 모든 죄중에서 너희도 멸망할까 두려워하노라 하매
²⁷ 무리가 고라와 다단과 아비람의 장막 사방을 떠나고 다단과 아비람은 그들의 처자와 유아들과 함께 나와서 자기 장막 문에 선지라
²⁸ 모세가 이르되 여호와께서 나를 보내사 이 모든 일을 행하게 하신 것이요 나의 임의로 함이 아닌 줄을 이 일로 말미암아 알리라
²⁹ 곧 이 사람들의 죽음이 모든 사람과 같고 그들이 당하는 벌이 모든 사람이 당하는 벌과 같으면 여호와께서 나를 보내심이 아니거니와
³⁰ 만일 여호와께서 새 일을 행하사 땅이 입을 열어 이 사람들과 그들의 모든 소유물을 삼켜 산 채로 스올에 빠지게 하시면 이 사람들이 과연 여호와를 멸시한 것인 줄을 너희가 알리라
³¹ 그가 이 모든 말을 마치자마자 그들이 섰던 땅바닥이 갈라지니라
³² 땅이 그 입을 열어 그들과 그들의 집과 고라에게 속한 모든 사람과 그들의 재물을 삼키매

33 그들과 그의 모든 재물이 산 채로 스올에 빠지며 땅이 그 위에 덮이니 그들이 회중 가운데서 망하니라
34 그 주위에 있는 온 이스라엘이 그들의 부르짖음을 듣고 도망하며 이르되 땅이 우리도 삼킬까 두렵다 하였고
35 여호와께로부터 불이 나와서 분향하는 이백오십 명을 불살랐더라

전통적으로 교회는 교만, 질투, 분노, 탐심, 탐식, 나태, 정욕을 죽음에 이르게 하는 7가지 큰 죄로 여겼습니다. 중세 시대에 활동한 신학자 토마스 아퀴나스는 7가지 죄 중에서 교만이 모든 죄악의 어머니라고 말했습니다. 이스라엘 백성이 광야 길을 걷는 동안에 공동체 안에 문제가 발생했습니다. 표면적인 문제는 모세의 리더십에 관한 것이지만, 이면에는 고라를 따르는 무리의 교만이 자리 잡고 있습니다. 우리는 어떻게 교만의 문제를 극복할 수 있을까요?

타인과 비교하지 않는다

겸손은 비교하지 않습니다. 비교하는 순간 누군가는 교만하게 됩니다. 비교하는 순간 자존감의 시소를 타게 됩니다. 비교를 통해서 다른 사람보다 자신이 조금이라도 괜찮다고 생각하면 우월감에 빠지고, 조금이라도 못났다고 생각하면 열등감에 빠집니다. 비교는 영혼을 갉아먹는 좀벌레와 같습니다. 고라와 그를 따르는 사람들은 교만했습니다. 그들은 모세와 아론을 비방했습니다. 자신들도 모세와 아론만큼 리더로서 충분한 자격을 갖추었다고 생각했습니다. 고라와 무리들은 모세와 아론만 백성을 다스리는 것은 부당하고 생각했습니다(3a절). 고라에게 주어진 위치와 역할 역시 귀한 것이었습니다. 하지만 고라는 자신의 자리를 넘어 모세와 아론의 자

리를 탐했습니다. 고라와 다단의 반역은 공동체보다 자신을 위하는 이기적인 행동이었습니다. 교만은 분열을 낳습니다. 겸손한 사람만이 자신의 위치에 감사하며, 타인의 위치를 인정합니다.

리더를 세우신 하나님의 권위를 인정하라

모세는 하나님이 자신을 리더로 세우셨음을 확신했습니다(28절). 고라와 그를 따르는 무리의 반역은 모세와 아론을 리더로 세운 하나님의 권위에 대한 도전이었습니다. 하나님은 땅이 갈라져 고라와 그를 따르는 무리를 삼키게 하셨습니다(31-33절). 하나님이 심판하신 대상에는 고라와 다단, 아비람의 처자와 유아들도 있었습니다(27절). 이는 하나님이 죄를 얼마나 단호하게 처리하시는지를 보여 줍니다. 하나님의 심판이 순식간에 벌어지자 이스라엘 백성은 두려움에 휩싸였습니다. 때로는 리더들이 내가 생각하는 기준에 맞지 않고 부도덕해 보일 수 있습니다. 이때 우리는 그들을 위해 기도하고 조언해야 합니다. 고라처럼 교만한 마음을 품고 반란을 일으켜서는 안 됩니다. 하나님이 리더를 세우시고 하나님의 일을 이루십니다.

타인의 죄를 검지 손가락으로 가리킬 때 나머지 손가락은 자신을 가리키게 됩니다. 우리는 항상 자신의 모습을 돌아보며 겸손한 삶을 살아야 합니다. 고라와 그를 따르는 무리는 스스로 리더의 기준을 정하고 그 기준에 모세와 아론이 못 미친다고 생각해서 반역을 일으켰습니다. 하지만 하나님이 세우시는 리더의 기준은 하나님이 정하십니다. 우리는 리더의 기준을 정하는 사람이 아니라 하나님이 세우신 리더와 함께 하나님의 공동체를 건설하는 사람들입니다. 하나님은 교만한 사람을 싫어하십니다. 겸손하여 하나님과 친밀한 가정이 되길 바랍니다.

🌱 나눔

1. 내 인생에서 최고의 리더는 누구인가요? 그 사람의 어떤 면이 좋은지 가족과 나눠 보세요.
2. 내가 속한 공동체의 리더에 대해서 가족과 나눠 보세요. 그리고 그들을 위해서 가족이 함께 기도하는 시간을 가져 보세요.

🌱 기도

온 세상을 다스리시고 주관하시는 하나님, 감사합니다. 지금도 하나님이 세우신 리더들을 통해서 하나님이 이 세상을 다스리심을 믿습니다. 우리 가정에 겸손한 마음을 주셔서 그들의 리더십을 온전히 따르며 그들을 위해 기도하게 하소서. 만왕의 왕이신 예수님의 이름으로 기도합니다. 아멘.

🌱 이번 주 우리 가족 미션

🌱 한 주의 생명 양식

1. 💗 민 16:1-11
2. 💗 민 16:12-24
3. 💗 민 16:25-35
4. 💗 민 16:36-50
5. 💗 민 17:1-13
6. 💗 민 18:1-7
7. 💗 민 18:8-20

5주

믿음으로 따르라

- 민수기 21:1-20
- 찬송가 301장 지금까지 지내온 것

민수기 21장 1-20절

1 네겝에 거주하는 가나안 사람 곧 아랏의 왕이 이스라엘이 아다림 길로 온다 함을 듣고 이스라엘을 쳐서 그 중 몇 사람을 사로잡은지라
2 이스라엘이 여호와께 서원하여 이르되 주께서 만일 이 백성을 내 손에 넘기시면 내가 그들의 성읍을 다 멸하리이다
3 여호와께서 이스라엘의 목소리를 들으시고 가나안 사람을 그들의 손에 넘기시매 그들과 그들의 성읍을 다 멸하니라 그러므로 그 곳 이름을 호르마라 하였더라
4 백성이 호르 산에서 출발하여 홍해 길을 따라 에돔 땅을 우회하려 하였다가 길로 말미암아 백성의 마음이 상하니라
5 백성이 하나님과 모세를 향하여 원망하되 어찌하여 우리를 애굽에서 인도해 내어 이 광야에서 죽게 하는가 이 곳에는 먹을 것도 없고 물도 없도다 우리 마음이 이 하찮은 음식을 싫어하노라 하매
6 여호와께서 불뱀들을 백성 중에 보내어 백성을 물게 하시므로 이스라엘 백성 중에 죽은 자가 많은지라
7 백성이 모세에게 이르러 말하되 우리가 여호와와 당신을 향하여 원망함으로 범죄하였사오니 여호와께 기도하여 이 뱀들을 우리에게서 떠나게 하소서 모세가 백성을 위하

여 기도하매

8 여호와께서 모세에게 이르시되 불뱀을 만들어 장대 위에 매달아라 물린 자마다 그것을 보면 살리라

9 모세가 놋뱀을 만들어 장대 위에 다니 뱀에게 물린 자가 놋뱀을 쳐다본즉 모두 살더라

10 이스라엘 자손이 그 곳을 떠나 오봇에 진을 쳤고

11 오봇을 떠나 모압 앞쪽 해 돋는 쪽 광야 이예아바림에 진을 쳤고

12 거기를 떠나 세렛 골짜기에 진을 쳤고

13 거기를 떠나 아모리인의 영토에서 흘러 나와서 광야에 이른 아르논 강 건너편에 진을 쳤으니 아르논은 모압과 아모리 사이에서 모압의 경계가 된 곳이라

14 이러므로 여호와의 전쟁기에 일렀으되 수바의 와헙과 아르논 골짜기와

15 모든 골짜기의 비탈은 아르 고을을 향하여 기울어지고 모압의 경계에 닿았도다 하였더라

16 거기서 브엘에 이르니 브엘은 여호와께서 모세에게 명령하시기를 백성을 모으라 내가 그들에게 물을 주리라 하시던 우물이라

17 그 때에 이스라엘이 노래하여 이르되 우물물아 솟아나라 너희는 그것을 노래하라

18 이 우물은 지휘관들이 팠고 백성의 귀인들이 규와 지팡이로 판 것이로다 하였더라 그들은 광야에서 맛다나에 이르렀고

19 맛다나에서 나할리엘에 이르렀고 나할리엘에서 바못에 이르렀고

20 바못에서 모압 들에 있는 골짜기에 이르러 광야가 내려다 보이는 비스가 산 꼭대기에 이르렀더라

'사하라의 사도'로 불리는 샤를로 드 푸코(Charles de Foucauld)는 "하나님을 믿는 자에게 가장 어려운 것은 하나님을 믿는 것이다"라고 말했습니다. 믿음 생활을 하다가 겪는 모든 시험은 믿음에 대한 시험입니다. 이스라엘은 광야 길을 걸으며 굴곡진 인생을 살았습니다. 우리는 광야 길을 걸을 때 어떻게 해야 믿음을 지킬 수 있을까요?

패배와 승리의 곡선 위에서 믿음으로 반응하라

광야 길은 사방이 뚫려 적들에게 노출된 길입니다. 이스라엘은 예기치 않게 아랏 왕에게 공격을 받고 낙심했습니다. 하지만 이스라엘은 낙심의 자리에서 일어나 아랏을 쳐서 승리하게 해 달라고 서원하며 기도합니다 (2절). 그리고 다시금 일어나 전쟁을 해서 적들을 전멸시킵니다. 그리곤 그곳 이름을 호르마로 짓는데, 이는 '다 멸했다'는 뜻입니다. 하나님으로 인한 승리를 기념한 것입니다. 광야 같은 길을 걸어가면서 우리는 갑작스럽게 적을 만나 피해를 보기도 하고, 마음에 깊은 상처를 입기도 합니다. 그때마다 하나님을 찾고 믿음으로 반응하면 그곳이 우리의 '호르마'가 될 것입니다. 믿음으로 도전할 때 패배의 장소가 승리의 장소로 변할 것입니다.

불신과 신뢰의 곡선 위에서 믿음으로 반응하라

승리는 하는 것보다 유지하는 것이 더 힘듭니다. 이스라엘은 호르마에서 승리한 기쁨이 채 가시기도 전에 모세를 원망하며 음식 투정을 부립니다(5절). 매일같이 공급되는 기적의 음식인 만나가 불평거리가 된 것입니다. 하나님은 불뱀을 보내 원망 가득한 이스라엘 백성을 물게 하셨습니다. 뱀에 물려 죽어 가던 사람들은 놋뱀을 보면 살리라고 말씀하신 하나님의 말씀에 순종하여 그 치유를 받았습니다(8,9절). 불신이 올라올 때 믿음으로 반응해야 합니다. 어떤 순간에도 하나님을 바라보면 소망을 품게 됩니다.

이스라엘은 아랏 왕에게 공격받을 때 깨어 기도하여 승리를 경험했습니다. 하지만 가는 길이 조금 지체되는 것 같자 하나님을 원망합니다. 역경보다 평안의 때가 더 위험합니다. 굴곡진 인생길을 믿음으로 통과하는 가정이 되길 바랍니다.

🌱 나눔

1. 실패한 줄 알았는데 도리어 승리했거나, 안 좋은 일인 줄 알았는데 알고 보니 좋은 일인 경험이 있다면 가족과 나눠 보세요.
2. 나의 믿음이 불신과 신뢰 사이를 오간 경험이 있다면, 무슨 일 때문에 그랬는지 가족과 나눠 보세요.

🌱 기도

우리 가정이 가야 할 길을 가장 잘 아시고 인도하시는 하나님, 감사합니다. 승리와 패배, 불신과 신뢰의 길을 걷는 동안 오직 하나님만 바라보는 가정이 되게 하소서. 승리 이후에 더욱 큰 승리를 얻기까지 겸손히 하나님만 바라보는 가정이 되게 하소서. 가장 좋은 길로 우리 가정을 인도하시는 예수님의 이름으로 기도합니다. 아멘.

🌱 이번 주 우리 가족 미션

🌱 한 주의 생명 양식

1. ♥ 민 18:21-32
2. ♥ 민 19:1-22
3. ♥ 민 20:1-13
4. ♥ 민 20:14-29
5. ♥ 민 21:1-20
6. ♥ 민 21:21-35
7. ♥ 민 22:1-20

| 6주 |

하나님은 약속을 반드시 성취하신다

- 민수기 22:21-35
- 찬송가 191장 내가 매일 기쁘게

민수기 22장 21-35절

²¹ 발람이 아침에 일어나서 자기 나귀에 안장을 지우고 모압 고관들과 함께 가니
²² 그가 감으로 말미암아 하나님이 진노하시므로 여호와의 사자가 그를 막으려고 길에 서니라 발람은 자기 나귀를 탔고 그의 두 종은 그와 함께 있더니
²³ 나귀가 여호와의 사자가 칼을 빼어 손에 들고 길에 선 것을 보고 길에서 벗어나 밭으로 들어간지라 발람이 나귀를 길로 돌이키려고 채찍질하니
²⁴ 여호와의 사자는 포도원 사이 좁은 길에 섰고 좌우에는 담이 있더라
²⁵ 나귀가 여호와의 사자를 보고 몸을 담에 대고 발람의 발을 그 담에 짓누르매 발람이 다시 채찍질하니
²⁶ 여호와의 사자가 더 나아가서 좌우로 피할 데 없는 좁은 곳에 선지라
²⁷ 나귀가 여호와의 사자를 보고 발람 밑에 엎드리니 발람이 노하여 자기 지팡이로 나귀를 때리는지라
²⁸ 여호와께서 나귀 입을 여시니 발람에게 이르되 내가 당신에게 무엇을 하였기에 나를 이같이 세 번을 때리느냐
²⁹ 발람이 나귀에게 말하되 네가 나를 거역하기 때문이니 내 손에 칼이 있었더면 곧 너를 죽였으리라

30 나귀가 발람에게 이르되 나는 당신이 오늘까지 당신의 일생 동안 탄 나귀가 아니냐 내가 언제 당신에게 이같이 하는 버릇이 있었더냐 그가 말하되 없었느니라
31 그 때에 여호와께서 발람의 눈을 밝히시매 여호와의 사자가 손에 칼을 빼들고 길에 선 것을 그가 보고 머리를 숙이고 엎드리니
32 여호와의 사자가 그에게 이르되 너는 어찌하여 네 나귀를 이같이 세 번 때렸느냐 보라 내 앞에서 네 길이 사악하므로 내가 너를 막으려고 나왔더니
33 나귀가 나를 보고 이같이 세 번을 돌이켜 내 앞에서 피하였느니라 나귀가 만일 돌이켜 나를 피하지 아니하였더면 내가 벌써 너를 죽이고 나귀는 살렸으리라
34 발람이 여호와의 사자에게 말하되 내가 범죄하였나이다 당신이 나를 막으려고 길에 서신 줄을 내가 알지 못하였나이다 당신이 이를 기뻐하지 아니하시면 나는 돌아가겠나이다
35 여호와의 사자가 발람에게 이르되 그 사람들과 함께 가라 내가 네게 이르는 말만 말할지니라 발람이 발락의 고관들과 함께 가니라

　　미국 스프링필드(Springfield)의 '링컨 기념관' 도서관에 전시된 수많은 도서 중에서 관광객들의 시선을 오래 끄는 것은 작고 낡은 성경책 한 권입니다. 링컨이 시편 34편을 얼마나 애송했는지 그 부분의 글씨가 잘 보이지 않을 정도라고 합니다. 시편 34편은 다윗이 아비멜렉 앞에서 미친 체하다가 쫓겨나서 지은 시입니다. 다윗이 믿은 하나님의 약속을 에이브러햄 링컨 역시 믿었습니다. 하나님은 우리와 하신 약속을 성취하시길 우리보다 더 원하십니다.

사람은 실수하나 하나님은 실수하지 않으신다

　　선지자는 누구보다 영적으로 민감하고 하나님과 친밀하며 하나님의 사자를 분간할 수 있어야 합니다. 그런데 선지자 발람은 그를 막으려고 길에 서 있는 여호와의 사자를 보지 못합니다(22절). 발람이 이렇게 된 것은 불

의의 삯에 눈이 멀었기 때문입니다(벧후 2:15). 일전에 하나님은 발락의 요청, 즉 발람으로 하여금 이스라엘을 저주해 달라는 요청을 막으셨습니다(12절). 하나님은 이미 그분의 뜻을 발람에게 말씀하셨는데 발람이 다시 요청하자 발락을 따라가도록 허락하셨습니다(20a절). 발람은 자기 욕심을 따라가는 사람의 전형적인 모습을 보여 줍니다. 사람은 실수하지만 하나님은 실수하지 않으십니다.

🌱 하나님은 동물을 통해서라도 약속을 성취하신다

발람과 달리 발람이 탄 나귀는 여호와의 사자가 칼을 들고 길을 막고 있는 것을 보았습니다(23절). 누구보다 영적으로 민감해야 할 선지자가 나귀보다 못한 모습을 보여 줍니다. 나귀는 세 번이나 발람의 생명을 구해 주었습니다. 그러나 영의 눈이 어두운 발람은 평소와 다르게 행동하는 나귀를 채찍질하며 길을 재촉했습니다. 하나님은 나귀의 눈과 입을 열어 발람이 하려고 하는 일을 책망하셨습니다. 그리고 결국 하나님은 발람의 눈도 밝히셔서 여호와의 사자를 보게 하셨습니다(31절). 나귀가 왜 그렇게 행동했는지, 하나님이 원하시는 것이 무엇인지 말씀해 주셨습니다. 우둔하고 미련한 발람은 칼을 들고 서 있는 여호와의 사자를 본 후에야 정신을 차렸습니다(34절). 하나님은 모든 것을 동원해서라도 하나님의 약속을 성취하십니다.

하나님과의 약속의 성취를 기다릴 때, 때로는 조급한 마음에 나의 욕심을 따라 움직이고 싶은 마음이 들기도 합니다. 인간은 실수할 수 있지만, 하나님은 신실하십니다. 하나님은 동물을 통해서라도 하나님의 약속을 성취하십니다. 하나님의 약속을 온전히 신뢰하는 복된 가정이 되길 바랍니다.

❸ 나눔

1. 간절히 기도한 내용이 빨리 응답되지 않아 낙심되고 좌절한 순간이 있다면 가족과 그때 상황을 나눠 보세요.
2. 간절히 기도한 내용을 내가 전혀 예상하지 못한 방식으로 응답받은 경험이 있다면 가족과 나눠 보세요.

❸ 기도

우리와 약속하시고 그 약속을 신실하게 성취하시는 하나님, 감사합니다. 우리는 실수해도 하나님은 완전하시고, 우리는 우둔해도 하나님은 지혜로우셔서 약속을 반드시 성취하실 것을 믿습니다. 하나님에 대한 온전한 믿음을 가지고 믿음의 길에서 벗어나지 않게 하소서. 우리 가정의 모든 것 되시는 예수님의 이름으로 기도합니다. 아멘.

❸ 이번 주 우리 가족 미션

❸ 한 주의 생명 양식

1. ❤ 민 22:21-35
2. ❤ 민 22:36-23:12
3. ❤ 민 23:13-30
4. ❤ 민 24:1-9
5. ❤ 민 24:10-25
6. ❤ 민 25:1-18
7. ❤ 민 26:1-27

7주

성취하시는 하나님을 신뢰하라

- 민수기 27:12-23
- 찬송가 86장 내가 늘 의지하는 예수

민수기 27장 12-23절

12 여호와께서 모세에게 이르시되 너는 이 아바림 산에 올라가서 내가 이스라엘 자손에게 준 땅을 바라보라
13 본 후에는 네 형 아론이 돌아간 것 같이 너도 조상에게로 돌아가리니
14 이는 신 광야에서 회중이 분쟁할 때에 너희가 내 명령을 거역하고 그 물 가에서 내 거룩함을 그들의 목전에 나타내지 아니하였음이니라 이 물은 신 광야 가데스의 므리바 물이니라
15 모세가 여호와께 여쭈와 이르되
16 여호와, 모든 육체의 생명의 하나님이시여 원하건대 한 사람을 이 회중 위에 세워서
17 그로 그들 앞에 출입하며 그들을 인도하여 출입하게 하사 여호와의 회중이 목자 없는 양과 같이 되지 않게 하옵소서
18 여호와께서 모세에게 이르시되 눈의 아들 여호수아는 그 안에 영이 머무는 자니 너는 데려다가 그에게 안수하고
19 그를 제사장 엘르아살과 온 회중 앞에 세우고 그들의 목전에서 그에게 위탁하여
20 네 존귀를 그에게 돌려 이스라엘 자손의 온 회중을 그에게 복종하게 하라
21 그는 제사장 엘르아살 앞에 설 것이요 엘르아살은 그를 위하여 우림의 판결로써 여

호와 앞에 물을 것이며 그와 온 이스라엘 자손 곧 온 회중은 엘르아살의 말을 따라 나가며 들어올 것이니라
22 모세가 여호와께서 자기에게 명령하신 대로 하여 여호수아를 데려다가 제사장 엘르아살과 온 회중 앞에 세우고
23 그에게 안수하여 위탁하되 여호와께서 모세에게 명령하신 대로 하였더라

짐 엘리엇(Jim Eliot)은 믿음의 동료 4명과 아우카 부족에게 복음을 전하기 위해 출발하지만 그 땅에 발을 내딛자마자 아우카 부족의 창에 찔려 5명 모두 죽임을 당합니다. 이 사건을 미국 신문에서는 "얼마나 낭비인가?"라는 제목의 기사로 내보냈습니다. 그런데 엘리자베스 엘리엇은 이렇게 말합니다. "낭비라니요? 나의 남편은 어렸을 때부터 이 순간을 위해 준비했습니다." 그리고 엘리자베스 엘리엇은 간호사 훈련을 받고 1년 후에 딸과 함께 아우카 부족을 찾아가 복음을 전합니다. 이후에 그의 남편을 죽인 키모라는 인디언은 부족 최초로 목사가 되었습니다. 마을 주민 1천 명이 모두 그리스도인이 되었습니다. 하나님은 반드시 하나님의 일을 성취하십니다. 엘리엇은 죽었으나 그의 부인 엘리자베스 엘리엇이 다시 사명을 이어받아 결국 하나님의 일을 성취합니다.

인생의 아름다운 퇴장을 준비하라

모세는 40년 동안 이스라엘 백성을 이끌고 광야에서 생활했습니다. 그리고 마침내 약속의 땅 가나안을 목전에 두고 있었습니다. 하나님은 모세에게 아바림 산에 올라 가나안 땅을 바라보라고 말씀하셨습니다(12절). 그리고 모세가 아론과 같은 길을 가게 될 것이라고 말씀하셨습니다(13절). 모세의 역할은 여기까지였던 것입니다. 인간적으로 생각해 보면 모세가 매

우 섭섭할 수 있는 상황입니다. 하지만 모세는 하나님의 계획을 따릅니다. 그리고 아름다운 퇴장을 준비합니다. 모세에게는 일을 시작하신 이도 하나님이요, 일을 성취하시는 이도 하나님이라는 믿음이 있었기 때문입니다. 우리도 언젠가 인생의 무대에서 내려와야 합니다. 그때를 준비하는 삶을 살아야 합니다.

하나님의 일은 다음세대를 통해 계속된다

하나님은 모세를 이어 이스라엘을 이끌 사람으로 여호수아를 선택하셨습니다. 여호수아가 모세를 잇는 지도자가 된 것은 우연이 아닙니다. 여호수아는 대적과 전쟁을 치를 때 최선봉에서 싸웠습니다. 또한 가나안 정탐꾼 10명이 가나안 땅에 대한 부정적인 의견을 말하며 모세를 대적할 때, 끝까지 모세의 편에 섰습니다. 여호수아는 하나님을 신뢰하는 사람이었습니다. 하나님은 그렇게 믿음 있는 다음세대를 통해서 하나님의 일을 이어가십니다. C. S. 루이스는 "하나님은 피조물에게 위임할 수 있는 일을 절대로 혼자서 처리하시지 않는 것 같다"라고 말했습니다. 그러므로 부모들은 자녀들이 대를 이어 하나님께 쓰임 받을 수 있도록 잘 양육해야 합니다.

사람인 우리는 이 땅에서 한정된 시간 안에 살아서 때로는 주어진 일을 완성하지 못하고 있다고 생각할 수 있습니다. 하지만 하나님은 믿음의 다음세대를 세워 하나님의 일을 성취하십니다. 하나님은 여러분을 향한 계획이 있으십니다. 그 계획을 온전히 성취하기까지 믿음의 세대 계승을 이루는 복된 가정이 되길 바랍니다.

❸ 나눔

1. 살면서 이루었던 가장 의미 있는 성취를 가족과 나눠 보세요.
2. 우리 가정이 대를 이어 가면서 성취해야 할 일은 무엇일지 생각하고 가족과 나눠 보세요.

❸ 기도

일을 계획하시고 성취하시는 하나님, 감사합니다. 우리 가정을 향한 하나님의 계획을 신뢰합니다. 우리 가정이 주님이 오시는 그날까지 맡기신 사명에 헌신하게 하소서. 믿음의 세대 계승을 이루는 가문이 되게 하소서. 일을 성취하시는 예수님의 이름으로 기도합니다. 아멘.

❸ 이번 주 우리 가족 미션

❸ 한 주의 생명 양식

1. ♥ 민 26:28-56
2. ♥ 민 26:57-65
3. ♥ 민 27:1-11
4. ♥ 민 27:12-23
5. ♥ 민 28:1-15
6. ♥ 민 28:16-31
7. ♥ 민 29:1-22

8주

서원은 반드시 성취해야 한다

- 민수기 30:1-16
- 찬송가 93장 예수는 나의 힘이요

민수기 30장 1-16절

1 모세가 이스라엘 자손 지파의 수령들에게 말하여 이르되 여호와의 명령이 이러하니라
2 사람이 여호와께 서원하였거나 결심하고 서약하였으면 깨뜨리지 말고 그가 입으로 말한 대로 다 이행할 것이니라
3 또 여자가 만일 어려서 그 아버지 집에 있을 때에 여호와께 서원한 일이나 스스로 결심하려고 한 일이 있다고 하자
4 그의 아버지가 그의 서원이나 그가 결심한 서약을 듣고도 그에게 아무 말이 없으면 그의 모든 서원을 행할 것이요 그가 결심한 서약을 지킬 것이니라
5 그러나 그의 아버지가 그것을 듣는 날에 허락하지 아니하면 그의 서원과 결심한 서약을 이루지 못할 것이니 그의 아버지가 허락하지 아니하였은즉 여호와께서 사하시리라
6 또 혹시 남편을 맞을 때에 서원이나 결심한 서약을 경솔하게 그의 입술로 말하였으면
7 그의 남편이 그것을 듣고 그 듣는 날에 그에게 아무 말이 없으면 그 서원을 이행할 것이요 그가 결심한 서약을 지킬 것이니라
8 그러나 그의 남편이 그것을 듣는 날에 허락하지 아니하면 그 서원과 결심하려고 경솔하게 입술로 말한 서약은 무효가 될 것이니 여호와께서 그 여자를 사하시리라
9 과부나 이혼 당한 여자의 서원이나 그가 결심한 모든 서약은 지킬 것이니라

¹⁰ 부녀가 혹시 그의 남편의 집에서 서원을 하였다든지 결심하고 서약을 하였다 하자
¹¹ 그의 남편이 그것을 듣고도 아무 말이 없고 금하지 않으면 그 서원은 다 이행할 것이요 그가 결심한 서약은 다 지킬 것이니라
¹² 그러나 그의 남편이 그것을 듣는 날에 무효하게 하면 그 서원과 결심한 일에 대하여 입술로 말한 것을 아무것도 이루지 못하나니 그의 남편이 그것을 무효하게 하였은즉 여호와께서 그 부녀를 사하시느니라
¹³ 모든 서원과 마음을 자제하기로 한 모든 서약은 그의 남편이 그것을 지키게도 할 수 있고 무효하게도 할 수 있으니
¹⁴ 그의 남편이 여러 날이 지나도록 말이 없으면 아내의 서원과 스스로 결심한 일을 지키게 하는 것이니 이는 그가 그것을 들을 때에 그의 아내에게 아무 말도 아니하였으므로 지키게 됨이니라
¹⁵ 그러나 그의 남편이 들은 지 얼마 후에 그것을 무효하게 하면 그가 아내의 죄를 담당할 것이니라
¹⁶ 이는 여호와께서 모세에게 명령하신 규례니 남편이 아내에게, 아버지가 자기 집에 있는 어린 딸에 대한 것이니라

약속을 했다면 지켜야 하며, 특별히 하나님과의 약속은 반드시 성취해야 합니다. 오늘 본문은 서원 명령을 통해 서원의 중요성을 강조합니다.

하나님은 서원을 소중하게 생각하신다

하나님은 서원했거나 결심하고 서약했으면 깨뜨리지 말고 말한 대로 이행하라고 명령하십니다. 물론 예외는 있습니다. 먼저 서원을 반드시 이행해야 하는 대상은 남자와 과부, 이혼당한 여자입니다(2,9절). 이들은 모두 스스로 결정을 내릴 수 있는 독립된 주체이기에 책임감을 가지고 서원해야 합니다. 두 번째는 서원을 무효화할 수 있는 경우에 대해 말씀합니다. 아버지의 보호 아래 있는 처녀나 남편의 책임 아래 있는 여자는 아버

지나 남편이 그 서원을 듣고 무효화할 수 있습니다. 이때는 서원한 것을 지키지 않아도 죄가 되지 않습니다(5, 8, 12절). 입다는 암몬과의 전쟁에서 무사히 돌아가게 된다면 자신의 집 문에서 나와 그를 영접하는 자를 하나님께 번제로 드리겠다고 서원했고, 그 결과 사랑하는 외동딸을 하나님께 바칠 수밖에 없었습니다(삿 11:30, 31, 35). 서원에는 신중함이 필요하고, 서원한 것은 지켜야 합니다.

서원은 하나님의 약속을 기대하게 한다

서원은 보통 위험한 상황에 빠졌거나 특별한 필요가 있는 사람이 합니다. 하지만 서원은 하나님의 약속을 끌어내는 어떤 것이 아니라는 점을 조심해야 합니다. 서원은 하나님이 신실하게 약속을 지키시는 분임을 보여 주는 상징이며, 서원의 교훈은 우리도 신실하게 약속을 지켜야 한다는 것입니다. 진실한 마음의 서원은 하나님이 이루실 일을 기대하게 합니다.

하나님께 서원했던 사람들의 공통점은 이들에게 하나님이 성취하실 것을 기대하는 믿음이 있었다는 것입니다. 이들의 서원은 하나님이 성취하신다는 신뢰를 바탕으로 이루어졌습니다. 하나님을 신뢰하는 마음이 없이 하는 서원은 두려움을 낳습니다. 서원을 지키지 못할 것을 걱정하고 심판받을까 봐 두려워하게 합니다. 하나님과 약속할 때 진실한 마음으로 하고, 약속한 바를 성취하는 가정이 되길 바랍니다.

❸ 나눔

1. 누군가와 한 약속 가운데 기억에 남는 것이 있다면 그 내용을 가족과 나눠 보세요.
2. 하나님과 약속한 것이 있나요? 그 약속을 지키고 있는지 가족과 나눠 보세요.

❸ 기도

우리 가정을 신실하게 인도하시는 하나님, 감사합니다. 우리 가정이 약속을 소중하게 여기게 하시고 한번 한 약속이라면 이루려고 최선을 다하게 하소서. 특별히 하나님과의 약속은 반드시 성취하는 가정이 되길 원합니다. 신실하신 예수님의 이름으로 기도합니다. 아멘.

❸ 이번 주 우리 가족 미션

❸ 한 주의 생명 양식

1 ♥ 민 29:23-40
2 ♥ 민 30:1-16
3 ♥ 민 31:1-24
4 ♥ 민 31:25-54
5 ♥ 민 32:1-15
6 ♥ 민 32:16-27
7 ♥ 민 32:28-42

9주

하나님은 완전한 보호자이시다

- 민수기 35:9-21
- 찬송가 288장 예수를 나의 구주 삼고

민수기 35장 9-21절

⁹ 여호와께서 또 모세에게 말씀하여 이르시되
¹⁰ 이스라엘 자손에게 말하여 그들에게 이르라 너희가 요단 강을 건너 가나안 땅에 들어가거든
¹¹ 너희를 위하여 성읍을 도피성으로 정하여 부지중에 살인한 자가 그리로 피하게 하라
¹² 이는 너희가 복수할 자에게서 도피하는 성을 삼아 살인자가 회중 앞에 서서 판결을 받기까지 죽지 않게 하기 위함이니라
¹³ 너희가 줄 성읍 중에 여섯을 도피성이 되게 하되
¹⁴ 세 성읍은 요단 이쪽에 두고 세 성읍은 가나안 땅에 두어 도피성이 되게 하라
¹⁵ 이 여섯 성읍은 이스라엘 자손과 타국인과 이스라엘 중에 거류하는 자의 도피성이 되리니 부지중에 살인한 모든 자가 그리로 도피할 수 있으리라
¹⁶ 만일 철 연장으로 사람을 쳐죽이면 그는 살인자니 그 살인자를 반드시 죽일 것이요
¹⁷ 만일 사람을 죽일 만한 돌을 손에 들고 사람을 쳐죽이면 이는 살인한 자니 그 살인자는 반드시 죽일 것이요
¹⁸ 만일 사람을 죽일 만한 나무 연장을 손에 들고 사람을 쳐죽이면 그는 살인한 자니 그 살인자는 반드시 죽일 것이니라

19 피를 보복하는 자는 그 살인한 자를 자신이 죽일 것이니 그를 만나면 죽일 것이요
20 만일 미워하는 까닭에 밀쳐 죽이거나 기회를 엿보아 무엇을 던져 죽이거나
21 악의를 가지고 손으로 쳐죽이면 그 친 자는 반드시 죽일 것이니 이는 살인하였음이라 피를 보복하는 자는 살인자를 만나면 죽일 것이니라

스코틀랜드 왕국의 로버트 1세 부르스왕(Robert I the Bruce)은 어느 날 자신을 쫓는 적을 피하려고 산속 동굴에 숨었습니다. 잠시 후 부르스를 쫓는 무리가 동굴 입구에 도착했습니다. 그들은 거미줄이 있는 것을 보고 여기엔 들어가지 않았을 것이라고 말하며 그냥 돌아갔습니다. 그때 부르스는 하나님께 "거미를 통해서 나를 보호해 주시다니 참으로 감사합니다"라고 기도했습니다. 거미가 줄을 친 동굴은 부르스의 생명을 보호하는 피난처였습니다. 하나님은 하나님을 의지하는 성도의 보호자가 되십니다. 하나님이 이스라엘에게 주신 도피성은 이스라엘을 보호하기 위해 주신 장소입니다.

하나님은 억울한 피 흘림이 없기를 원하신다

하나님은 이스라엘 백성에게 도피성을 둘 것을 명령하십니다(11절). 고의가 아닌 실수로 사람을 죽인 살인자가 재판을 받을 때까지 생명을 보호받게 하기 위한 것이었습니다. 하나님은 그가 어느 지파에 속해 있든 가능한 한 빨리 도피성에 들어가 생명을 보호받을 수 있도록 요단 동쪽과 가나안 땅에 각각 세 개씩 총 여섯 개의 도피성을 두게 하셨습니다. 도피성에서는 이스라엘 백성뿐 아니라 타국인과 이스라엘 중에 머무는 사람도 보호받을 수 있었습니다(15절). 누군가에게 피해를 주는 일이 일어나지 않기를 바라지만, 실수 때문에 돌이킬 수 없는 일이 벌어졌을 때, 하나님은 보

복의 악순환이 끊어지길 원하셨습니다. 하나님의 백성을 위한 세심한 배려가 도피성입니다. 살면서 온전하기를 원하지만 실수할 때도 있습니다. 그때마다 우리가 달려갈 곳은 하나님의 품밖에 없습니다.

하나님은 우리가 고의로 죄짓지 않기를 원하신다

도피성은 모든 사람이 보호받을 수 있는 장소가 아닙니다. 철 연장으로 사람을 죽였거나(16a절) 사람을 죽일 만한 돌이나(17a절) 나무 연장을 손에 들고 있었다면, 도피성에서 보호받을 수 없게 하셨습니다(18a절). 또 상대가 미워서 밀었거나(20a절) 사람을 죽이는 도구를 가지진 않았지만 악의가 있었다면, 그 경우 역시 보호받지 못하게 하셨습니다(21a절). 하나님은 죄의 결과보다 동기와 과정을 보고 판단하십니다. 그래서 고의성이 없는 살인자가 공정한 재판을 받을 수 있게 보호하십니다. 그러나 고의성이 있는 살인자는 반드시 죽이라고 명령하십니다. 하지만 이때도 어떻게든 살인을 막으시려고, 살인자에게 보복할 수 있는 권리는 살해당한 사람의 가장 가까운 친족에게만 주셨습니다(21절). 하나님은 살인과 연관 없는 다른 사람이 원한으로 사람을 죽이는 일이 일어나기를 원하지 않으십니다. 그래서 의도적인 살인에 명분을 주지 않기 위해 가장 가까운 친족만 피의 복수를 할 수 있게 하신 것입니다.

한없이 연약한 우리의 현실이 십자가에 달리신 예수 그리스도를 바라보게 합니다. 예수님만이 우리 인생의 완전한 도피성입니다. 예수님께 피하는 사람은 죽음에서 생명을 얻습니다. 예수님 안에서 생명을 보호받고 더 풍성히 얻는 가정이 되길 바랍니다.

🌱 나눔

1. 의도하지 않게 누군가에게 피해를 준 적이 있나요? 그때의 난감한 상황을 가족과 나눠 보세요.
2. 하나님께 죄를 용서받았다는 확신을 경험한 적이 있나요? 그 순간을 가족과 나눠 보세요.

🌱 기도

우리 가정의 영원한 도피성이 되시는 하나님, 감사합니다. 하나님께 피하는 모든 사람은 안전과 평화를 얻는 것을 믿습니다. 우리의 죄를 용서하신 십자가만을 바라보며 살아가는 가정이 되게 하소서. 영원한 도피성이 되시는 예수님의 이름으로 기도합니다. 아멘.

🌱 이번 주 우리 가족 미션

🌱 한 주의 생명 양식

1. ♥ 민 33:1-37
2. ♥ 민 33:38-56
3. ♥ 민 34:1-15
4. ♥ 민 34:16-35:8
5. ♥ 민 35:9-21
6. ♥ 민 35:22-34
7. ♥ 민 36:1-13

| 10주 |

하나님의 약속으로 위로하라

- 베드로후서 3:1-10
- 찬송가 310장 아 하나님의 은혜로

베드로후서 3장 1-10절

¹ 사랑하는 자들아 내가 이제 이 둘째 편지를 너희에게 쓰노니 이 두 편지로 너희의 진실한 마음을 일깨워 생각나게 하여
² 곧 거룩한 선지자들이 예언한 말씀과 주 되신 구주께서 너희의 사도들로 말미암아 명하신 것을 기억하게 하려 하노라
³ 먼저 이것을 알지니 말세에 조롱하는 자들이 와서 자기의 정욕을 따라 행하며 조롱하여
⁴ 이르되 주께서 강림하신다는 약속이 어디 있느냐 조상들이 잔 후로부터 만물이 처음 창조될 때와 같이 그냥 있다 하니
⁵ 이는 하늘이 옛적부터 있는 것과 땅이 물에서 나와 물로 성립된 것도 하나님의 말씀으로 된 것을 그들이 일부러 잊으려 함이로다
⁶ 이로 말미암아 그 때에 세상은 물이 넘침으로 멸망하였으되
⁷ 이제 하늘과 땅은 그 동일한 말씀으로 불사르기 위하여 보호하신 바 되어 경건하지 아니한 사람들의 심판과 멸망의 날까지 보존하여 두신 것이니라
⁸ 사랑하는 자들아 주께는 하루가 천 년 같고 천 년이 하루 같다는 이 한 가지를 잊지 말라
⁹ 주의 약속은 어떤 이들이 더디다고 생각하는 것 같이 더딘 것이 아니라 오직 주께서

는 너희를 대하여 오래 참으사 아무도 멸망하지 아니하고 다 회개하기에 이르기를 원하시느니라
10 그러나 주의 날이 도둑 같이 오리니 그 날에는 하늘이 큰 소리로 떠나가고 물질이 뜨거운 불에 풀어지고 땅과 그 중에 있는 모든 일이 드러나리로다

모든 일에는 때가 있습니다. 때를 놓치면 이후에 호미로 막을 것을 가래로도 못 막는 일이 벌어질 수 있습니다. 사후약방문(死後藥方文), 즉 죽은 뒤에 약을 처방하는 것이 무슨 소용이 있습니까? 오늘 성경 본문은 마지막 때를 살아가는 성도들을 위해서 기록되었습니다. 마지막 때에 성도는 어떻게 살아야 할까요?

하나님의 말씀을 붙잡으라

세상에 존재하는 모든 것은 끝이 있습니다. 예수님은 세상 끝 날을 말씀하시면서 그날을 준비하라고 경고하셨습니다(마 24장). 그런데 하나님의 말씀을 무시하는 사람들은 만물이 처음 창조되었을 때와 같이 지금도 그대로 있는데 세상이 멸망한다는 것은 말이 안 된다고 주장합니다(4절). 노아 시대에도 사람들은 하나님이 물로 심판하신다는 사실을 믿지 못하고 조롱했지만 노아는 묵묵히 방주를 만들었습니다(창 6:11-22). 소돔 사람들과 롯의 사위들은 하나님의 심판 경고를 듣고도 농담으로 여겼습니다(창 19:14). 거짓 교사들은 지금은 평안한 때라고 말합니다. 이것은 거짓입니다. 마지막 때를 살아가는 성도는 하나님의 말씀을 더 굳세게 붙잡아야 합니다.

하나님이 주신 사랑의 약속을 붙잡으라

우리가 생각할 때 하나님의 약속은 더디게 이루어지는 것처럼 보입니

다. 다시 오시겠다는 주님의 재림은 유예된 것 같다는 생각이 듭니다. 그러나 하나님이 약속을 이루신다는 사실은 변함이 없습니다. 다시 오시겠다는 예수님은 곧 다시 오실 것입니다. 하나님이 생각하시는 시간과 우리가 생각하는 시간은 다릅니다. 하나님은 하루를 천 년 같이, 천 년을 하루 같이 여기십니다(8절). 우리는 하나님의 시간을 이해할 수 없습니다. 그러나 하나님이 약속하신 것은 하나님의 때에 반드시 이루어진다는 사실을 믿어야 합니다. 하나님은 세상을 창조하셨고, 또한 세상을 심판하시는 분이십니다. 하나님이 심판을 재촉하지 않으시는 이유는 사랑 때문입니다. 하나님은 아무도 멸망하지 않기를 바라십니다. 하나님이 원하시는 것은 모든 사람이 회개에 이르는 것입니다(9b절). 에스겔 선지자는 하나님은 악인이 죽는 것을 조금도 기뻐하지 않으시고 그가 돌이켜 죄에서 떠나 사는 것을 기뻐하신다고 말합니다(겔 18:23). 세상을 심판하시는 시기를 늦추시는 것은 회개의 기회가 늘어나고 있다는 증거입니다. 하나님이 오래 참으심으로 그분의 사랑을 나타내신다는 증거입니다. 하나님이 주시는 회개의 기회를 붙잡아야 삽니다.

거짓에 넘어지지 않고 믿음으로 약속을 붙잡는 사람은 영광의 주님을 볼 것입니다. 그러나 하나님의 약속을 무시하고 믿지 않는 사람들의 마지막은 심판입니다. 하나님의 시간은 다가옵니다. 마지막 때를 살아가는 우리는 하나님의 말씀과 사랑을 더욱 붙잡고 살아야 합니다. 세상에서 우리가 붙잡아야 할 것은 이 두 가지밖에 없습니다.

❸ 나눔

1. 마지막 때에 어떤 일들이 일어날 것 같은지 가족과 나눠 보세요.
2. 나는 마지막 때를 어떻게 대비할지 가족과 나눠 보세요.

❸ 기도

말씀대로 이루시는 하나님, 우리 가정이 말씀을 굳건히 붙잡게 하소서. 세상 사람들은 하나님의 말씀을 무시하고 우리의 믿음을 조롱하지만, 우리 가정은 노아처럼, 롯처럼 심판에 대한 하나님의 말씀을 잊지 않고 살게 하소서. 세상을 향해서 오래 참으시는 하나님의 사랑에 기대어 날마다 성결한 삶을 살게 하소서. 약속대로 다시 오실 예수님의 이름으로 기도합니다. 아멘.

❸ 이번 주 우리 가족 미션

❸ 한 주의 생명 양식

1. 벧후 1:1-11
2. 벧후 1:12-21
3. 벧후 2:1-9
4. 벧후 2:10-16
5. 벧후 2:17-22
6. 벧후 3:1-10
7. 벧후 3:11-18

11주

하나님의 사랑으로 위로하라

- 고린도후서 1:23-2:11
- 찬송가 85장 구주를 생각만 해도

고린도후서 1장 23절-2장 11절

²³ 내가 내 목숨을 걸고 하나님을 불러 증언하시게 하노니 내가 다시 고린도에 가지 아니한 것은 너희를 아끼려 함이라
²⁴ 우리가 너희 믿음을 주관하려는 것이 아니요 오직 너희 기쁨을 돕는 자가 되려 함이니 이는 너희가 믿음에 섰음이라
²:¹ 내가 다시는 너희에게 근심 중에 나아가지 아니하기로 스스로 결심하였노니
² 내가 너희를 근심하게 한다면 내가 근심하게 한 자 밖에 나를 기쁘게 할 자가 누구냐
³ 내가 이같이 쓴 것은 내가 갈 때에 마땅히 나를 기쁘게 할 자로부터 도리어 근심을 얻을까 염려함이요 또 너희 모두에 대한 나의 기쁨이 너희 모두의 기쁨인 줄 확신함이로라
⁴ 내가 마음에 큰 눌림과 걱정이 있어 많은 눈물로 너희에게 썼노니 이는 너희로 근심하게 하려 한 것이 아니요 오직 내가 너희를 향하여 넘치는 사랑이 있음을 너희로 알게 하려 함이라
⁵ 근심하게 한 자가 있었을지라도 나를 근심하게 한 것이 아니요 어느 정도 너희 모두를 근심하게 한 것이니 어느 정도라 함은 내가 너무 지나치게 말하지 아니하려 함이라
⁶ 이러한 사람은 많은 사람에게서 벌 받는 것이 마땅하도다
⁷ 그런즉 너희는 차라리 그를 용서하고 위로할 것이니 그가 너무 많은 근심에 잠길까

두려워하노라
8 그러므로 너희를 권하노니 사랑을 그들에게 나타내라
9 너희가 범사에 순종하는지 그 증거를 알고자 하여 내가 이것을 너희에게 썼노라
10 너희가 무슨 일에든지 누구를 용서하면 나도 그리하고 내가 만일 용서한 일이 있으면 용서한 그것은 너희를 위하여 그리스도 앞에서 한 것이니
11 이는 우리로 사탄에게 속지 않게 하려 함이라 우리는 그 계책을 알지 못하는 바가 아니로라

하나님은 대부분 우리에게 무엇인가를 선물로 주실 때 열매로 주지 않으시고 씨앗으로 주십니다. 우리는 하나님께 씨앗을 받아 잘 키워야 합니다. 바울은 적어도 1년 6개월을 고린도에서 지내면서 많은 씨앗을 심고 가꾸었고 그 열매로 고린도 교회 성도들을 얻었습니다. 고린도 교회 성도들을 향한 바울의 마음은 모든 것이 진심이었습니다. 그러나 바울은 고린도 교회 성도들 사이에서 사도성을 의심받았습니다. 또 성도들은 바울의 본심을 왜곡해서 말했습니다. 바울은 자신의 진심을 왜곡하고 비난하는 사람들을 어떻게 대합니까?

더 큰 사랑으로 위로하라

바울은 고린도 교회를 방문하려고 계획했지만 그 계획을 실행하지 못했습니다. 바울은 자신이 가지 않는 것이 서로에게 더 유익이라고 생각해서 그렇게 한 것이지만 이 일을 두고 고린도 교회의 어떤 성도들은 바울이 경솔하고 변덕스럽다고 비난했습니다(고후 1:17). 그는 비난받을 만한 일을 하지 않았지만 비난받는 위치에 있었습니다. 이런 상황에서 바울은 자신을 변명하기보다는 하나님의 뜻을 이루는 데 초점을 둡니다. 바울은 고린

도 교회 성도들을 누구보다 아끼는 사람이었습니다(고후 1:23b). 바울이 고린도로 돌아가지 않은 것은 그들을 아끼는 마음이 컸기 때문입니다. 아끼는 마음을 가진 사람은 비난에 쉽게 흔들리지 않습니다. 고린도 교회 성도들은 교회 안에 일어난 음란과 분열 등의 문제로 홍역을 치르고 있었습니다. 바울은 당장이라도 달려가 그들의 잘못을 바로잡아 주고 싶었습니다. 그러나 편지로 자신의 마음을 전했습니다(고후 2:4a). 바울의 진실한 마음이 문제로 가득한 고린도 교회를 새롭게 변화시켰습니다.

용서는 위로의 완성이다

고린도 교회 성도들은 바울이 진심을 담아 보낸 편지를 읽고 회개했습니다. 바울은 여기서 한 걸음 더 나아가 문제를 일으킨 성도들을 용서하라고 권면합니다(고후 2:7). 그들은 이미 벌을 충분히 받았기 때문입니다. 문제를 일으킨 성도들을 공동체에서 분리하는 일은 쉽습니다. 그러나 바울은 쉬운 방법이 아니라 어려운 해결 방법을 제시합니다. 문제가 되는 성도들을 쫓아내지 말고 그들을 끌어안고 품으라는 것입니다. 용서는 힘든 일이지만 찢어진 공동체를 하나로 봉합합니다. 바울의 편지는 용서하기 위한 편지였습니다.

바울은 고린도 교회의 모든 성도를 사랑하는 마음으로 편지를 썼습니다(고후 2:8). 바울은 고린도 교회 성도들이 성숙하게 문제를 해결해 나가기를 원했습니다. 사랑과 용서만이 공동체를 하나 되게 합니다. 예수님이 이 땅에서 행하신 모든 것은 결국 사랑과 용서였습니다. 예수님의 사랑과 용서를 경험한 우리는 사랑과 용서의 사람이 되어야 합니다. 우리가 속한 공동체에 사랑과 용서가 풍성하길 바랍니다.

나눔

1. 관계에서 어려움을 겪은 적이 있나요? 그때 어떻게 문제를 해결했는지 가족과 나눠 보세요.
2. 누군가를 용서해 준 경험이 있다면 가족과 나눠 보세요.

기도

십자가의 사랑으로 우리를 용서하신 하나님, 감사합니다. 우리가 예수님을 통해서 사랑과 용서의 씨앗을 받았으니, 우리 역시 사랑과 용서의 씨앗을 잘 가꿔 풍성한 열매를 맺게 하소서. 우리는 예수님으로부터 풍성한 사랑을 받았는데도 여전히 사랑을 베풀기에는 많이 부족합니다. 우리에게 사랑과 용서를 실천할 수 있는 믿음을 더해 주소서. 사랑하는 예수님의 이름으로 기도합니다. 아멘.

이번 주 우리 가족 미션

한 주의 생명 양식

1. 고후 1:1-11
2. 고후 1:12-22
3. 고후 1:23-2:11
4. 고후 2:12-3:5
5. 고후 3:6-18
6. 고후 4:1-15
7. 고후 4:16-5:10

12주

사랑의 나눔으로 위로하라

- 고린도후서 8:1-15
- 찬송가 212장 겸손히 주를 섬길 때

고린도후서 8장 1-15절

1 형제들아 하나님께서 마게도냐 교회들에게 주신 은혜를 우리가 너희에게 알리노니
2 환난의 많은 시련 가운데서 그들의 넘치는 기쁨과 극심한 가난이 그들의 풍성한 연보를 넘치도록 하게 하였느니라
3 내가 증언하노니 그들이 힘대로 할 뿐 아니라 힘에 지나도록 자원하여
4 이 은혜와 성도 섬기는 일에 참여함에 대하여 우리에게 간절히 구하니
5 우리가 바라던 것뿐 아니라 그들이 먼저 자신을 주께 드리고 또 하나님의 뜻을 따라 우리에게 주었도다
6 그러므로 우리가 디도를 권하여 그가 이미 너희 가운데서 시작하였은즉 이 은혜를 그대로 성취하게 하라 하였노라
7 오직 너희는 믿음과 말과 지식과 모든 간절함과 우리를 사랑하는 이 모든 일에 풍성한 것 같이 이 은혜에도 풍성하게 할지니라
8 내가 명령으로 하는 말이 아니요 오직 다른 이들의 간절함을 가지고 너희의 사랑의 진실함을 증명하고자 함이로라
9 우리 주 예수 그리스도의 은혜를 너희가 알거니와 부요하신 이로서 너희를 위하여 가난하게 되심은 그의 가난함으로 말미암아 너희를 부요하게 하려 하심이라

10 이 일에 관하여 나의 뜻을 알리노니 이 일은 너희에게 유익함이라 너희가 일 년 전에 행하기를 먼저 시작할 뿐 아니라 원하기도 하였은즉
11 이제는 하던 일을 성취할지니 마음에 원하던 것과 같이 완성하되 있는 대로 하라
12 할 마음만 있으면 있는 대로 받으실 터이요 없는 것은 받지 아니하시리라
13 이는 다른 사람들은 평안하게 하고 너희는 곤고하게 하려는 것이 아니요 균등하게 하려 함이니
14 이제 너희의 넉넉한 것으로 그들의 부족한 것을 보충함은 후에 그들의 넉넉한 것으로 너희의 부족한 것을 보충하여 균등하게 하려 함이라
15 기록된 것 같이 많이 거둔 자도 남지 아니하였고 적게 거둔 자도 모자라지 아니하였느니라

루게릭 환우들을 돕는 단체인 승일희망재단이 요양병원을 세우려고 했을 때, 적은 금액과 관심 부족으로 건립이 어려워 보였습니다. 하지만 유명 연예인의 도움으로 시작된 아이스버킷 챌린지는 SNS를 타고 많은 사람의 관심과 기부를 이끌었습니다. 어느새 누적 기부금 70억 원을 모금하고 꿈에 그리던 요양병원을 건립할 수 있게 되었습니다. 작은 물줄기들이 모여 큰 강을 이루어 불가능해 보이던 일을 가능하게 했습니다. 이런 일들은 어떻게 일어납니까?

자발적으로 헌신해야 한다

마게도냐 교회 성도들은 큰 환난의 시련을 통과하고 있었습니다. 또 극심한 가난 때문에 경제적으로도 상황이 힘들었습니다(2절). 그럼에도 불구하고 마게도냐 성도들은 자신들보다 더 어려운 상황에 놓인 예루살렘 교회 성도들을 도우려고 기꺼이 헌금했습니다. 자발적인 헌신은 사랑의 나눔을 이루는 불꽃과 같습니다. 마게도냐 성도들은 어려운 중에도 할 수 있

는 것 이상으로 나눔을 실천합니다(3절). 자원하는 마음이 중요합니다. 마게도냐 성도들의 자발적인 헌신은 바울과 예루살렘 성도들에게 큰 위로가 되었을 것입니다.

사랑의 진실함을 증명해야 한다

바울은 1년 전에 고린도 교회에 편지를 보내며 예루살렘 교회를 돕는 일에 함께해 주기를 부탁한 적이 있습니다(고전 16:1-4; 고후 8:10). 바울은 고린도 교회 성도들이 이미 믿음과 말씀과 지식과 열심과 사랑 등에 부요한 자들이라고 말합니다(7절). 그리고 이제는 구제하는 일에도 부요한 사람이 되라고 말합니다(7b절). 고린도 교회는 이미 복음을 통해 하나님의 은혜를 받은 교회답게 하나님이 기뻐하시는 섬김의 자리에 동참해야 합니다. 또한 바울은 마게도냐 교회 성도들이 그랬듯이 고린도 교회 성도들에게 사랑의 열매를 맺으라고 말합니다(8절). 사랑은 말이 아니라 열매입니다. 사랑하면 섬깁니다. 섬김은 사랑의 재료로 채워지기 때문입니다.

성경은 자원하는 마음으로 할 수 있는 만큼 섬길 것을 권합니다(11절). 헌금의 액수보다 마음이 더 중요하기 때문입니다. 하나님은 우리에게 많은 것이 아니라 지금 내가 가지고 있는 것을 요구하십니다. 즐겨내는 자를 사랑하십니다(고후 9:7). 하나님은 우리가 드린 것으로 일하십니다. 내게 주신 은혜에 감사하는 마음으로 섬김의 자리에 동참하기 바랍니다. 자발적인 헌신으로 섬김의 불을 지피는 은혜로운 성도가 되길 바랍니다.

나눔

1. 어려움에 빠진 사람을 자발적으로 도와준 적이 있다면 그때의 경험을 가족과 나눠 보세요.
2. 한 주간 내가 사랑으로 섬길 대상을 정해 보고, 구체적으로 어떻게 섬길지를 가족과 나눠 보세요.

기도

우리를 사랑하시되 과분한 사랑으로 사랑하시는 하나님, 감사합니다. 우리 가정이 사랑을 받기만 하는 가정이 아니라, 사랑을 나누는 가정이 되길 원합니다. 자원하는 마음으로, 할 수 있는 범위 내에서 주변 사람을 돌보는 가정이 되게 하소서. 믿음을 말로 증명하는 것이 아니라 행함으로 증명하는 가정이 되게 하소서. 우리 가정을 풍성하게 채우시는 예수님의 이름으로 기도합니다. 아멘.

이번 주 우리 가족 미션

한 주의 생명 양식

1. 고후 5:11-21
2. 고후 6:1-10
3. 고후 6:11-7:1
4. 고후 7:2-16
5. 고후 8:1-15
6. 고후 8:16-24
7. 고후 9:1-15

13주

온전하게 되며 위로를 받으라

- 고린도후서 13:1-13
- 찬송가 304장 그 크신 하나님의 사랑

고린도후서 13장 1-13절

1 내가 이제 세 번째 너희에게 가리니 두세 증인의 입으로 말마다 확정하리라

2 내가 이미 말하였거니와 지금 떠나 있으나 두 번째 대면하였을 때와 같이 전에 죄 지은 자들과 그 남은 모든 사람에게 미리 말하노니 내가 다시 가면 용서하지 아니하리라

3 이는 그리스도께서 내 안에서 말씀하시는 증거를 너희가 구함이니 그는 너희에게 대하여 약하지 않고 도리어 너희 안에서 강하시니라

4 그리스도께서 약하심으로 십자가에 못 박히셨으나 하나님의 능력으로 살아 계시니 우리도 그 안에서 약하나 너희에게 대하여 하나님의 능력으로 그와 함께 살리라

5 너희는 믿음 안에 있는가 너희 자신을 시험하고 너희 자신을 확증하라 예수 그리스도께서 너희 안에 계신 줄을 너희가 스스로 알지 못하느냐 그렇지 않으면 너희는 버림 받은 자니라

6 우리가 버림 받은 자 되지 아니한 것을 너희가 알기를 내가 바라고

7 우리가 하나님께서 너희로 악을 조금도 행하지 않게 하시기를 구하노니 이는 우리가 옳은 자임을 나타내고자 함이 아니라 오직 우리는 버림 받은 자 같을지라도 너희는 선을 행하게 하고자 함이라

8 우리는 진리를 거슬러 아무 것도 할 수 없고 오직 진리를 위할 뿐이니

⁹ 우리가 약할 때에 너희가 강한 것을 기뻐하고 또 이것을 위하여 구하니 곧 너희가 온전하게 되는 것이라
¹⁰ 그러므로 내가 떠나 있을 때에 이렇게 쓰는 것은 대면할 때에 주께서 너희를 넘어뜨리려 하지 않고 세우려 하여 내게 주신 그 권한을 따라 엄하지 않게 하려 함이라
¹¹ 마지막으로 말하노니 형제들아 기뻐하라 온전하게 되며 위로를 받으며 마음을 같이 하며 평안할지어다 또 사랑과 평강의 하나님이 너희와 함께 계시리라 거룩하게 입맞춤으로 서로 문안하라
¹² 모든 성도가 너희에게 문안하느니라
¹³ 주 예수 그리스도의 은혜와 하나님의 사랑과 성령의 교통하심이 너희 무리와 함께 있을지어다

바울은 고린도 교회를 향한 편지를 마무리하면서 위로의 말을 전합니다(11절). 그런데 바울의 위로는 매몰차 보입니다. 자녀가 잘못된 길로 가는 것을 안타까워하는 아버지의 심정으로 말합니다. 뻔히 잘못된 길로 가는 것을 보면서 "힘들지. 잘 될 거야"라고 말하는 것은 위로가 아닙니다. 바울은 진심으로 고린도 교회가 잘되길 바라는 마음에서 위로의 말을 전합니다.

죄에서 돌이켜라

바울은 고린도 지역에 복음을 전하고 교회를 세웠고 그곳에서 1년 6개월을 머물며 성도들을 믿음으로 양육했습니다. 그러나 바울이 떠난 후 거짓 교사들이 들어와 고린도 교회를 분열시켰습니다. 바울은 이미 여러 번 고린도 교회 성도들이 불의한 삶과 죄악에서 떠나기를 바라는 마음을 전했습니다. 그러나 고린도 교회 성도들은 여전히 불의와 타협하며 죄악 된 삶에서 떠나지 않았습니다. 바울은 단호한 결심을 담아 "내가 다시 가면

용서하지 않겠다"라고 말했습니다(2절). 바울은 고린도 교회 성도들을 사랑했기 때문에 이런 편지를 보낼 수 있었습니다. 죄를 떠나야 온전하게 되고, 온전하게 되어야 참된 위로를 경험할 수 있습니다.

믿음으로 살라

바울은 고린도 교회 성도들이 믿음 안에 있기를 원했습니다. 바울은 예수 그리스도께서 함께하심을 확신하지 못하면 버림받은 사람이라고 말합니다(5b절). 믿음으로 살지 않으면 죄를 따라 살게 됩니다. 인생의 방향은 믿음으로 사는 삶과 불신으로 사는 삶, 두 가지만 있을 뿐입니다. 바울은 고린도 교회 성도들이 악에 빠지지 않기를 기도했습니다(7a절). 믿음으로 사는 사람만이 성경을 통해서, 믿음의 공동체를 통해서 위로를 받습니다.

바울은 고린도 교회 성도들이 온전하게 되기를 원했습니다(11절). 바울은 거짓 교사들처럼 고린도 교회를 통해서 자기 배를 채우려 하지 않았습니다. 바울은 고린도 교회 성도들을 위해 자신의 모든 것을 내어 주는 참 목자였습니다. 바울은 이 편지로 고린도 교회 성도들이 위로받기를 원했습니다(11절). 분열이 봉합되고 다시 믿음 위에 굳게 서서 하나 되기를 원했습니다. 바울의 책망과 사랑을 담은 편지는 고린도 교회 성도들에게 큰 위로가 되었을 것입니다. 온전하게 되며 위로받기 위해서는 죄에서 돌이켜야 합니다. 믿음으로 살아야 합니다. 우리 가정이 죄에서 돌이키며 믿음으로 살아갈 때 하나님이 주시는 위로를 경험하게 될 것입니다.

나눔

1. 누군가에게 진정한 위로를 받은 적이 있나요? 어떤 부분이 나에게 위로가 되었는지 가족과 나눠 보세요.
2. 믿음을 따라 행동하기보다는 욕심을 따라 행동한 적은 없었나요? 이 부분을 가족과 나눠 보세요.

기도

그리스도의 사랑으로 우리를 위로하시는 하나님, 감사합니다. 우리 가정이 세상을 따라가지 않고 오직 믿음을 따라 살게 하소서. 죄에서 과감하게 돌아서게 하시고, 죄의 유혹에 끌려가지 않게 하소서. 약할 때가 강한 때임을 잊지 않게 하시고 그리스도께서 약하심으로 십자가를 지신 것처럼 우리 가정 역시 십자가를 가까이하는 가정이 되게 하소서. 우리의 위로자 되시는 예수님의 이름으로 기도합니다. 아멘.

이번 주 우리 가족 미션

한 주의 생명 양식

1. ♥ 고후 10:1-9
2. ♥ 고후 10:10-18
3. ♥ 고후 11:1-15
4. ♥ 고후 11:16-33
5. ♥ 고후 12:1-10
6. ♥ 고후 12:11-21
7. ♥ 고후 13:1-13

14주

생명을 주시는 예수님을 인정하라

- 마태복음 28:1-10
- 찬송가 167장 즐겁도다 이 날

마태복음 28장 1-10절

1 안식일이 다 지나고 안식 후 첫날이 되려는 새벽에 막달라 마리아와 다른 마리아가 무덤을 보려고 갔더니
2 큰 지진이 나며 주의 천사가 하늘로부터 내려와 돌을 굴려 내고 그 위에 앉았는데
3 그 형상이 번개 같고 그 옷은 눈 같이 희거늘
4 지키던 자들이 그를 무서워하여 떨며 죽은 사람과 같이 되었더라
5 천사가 여자들에게 말하여 이르되 너희는 무서워하지 말라 십자가에 못 박히신 예수를 너희가 찾는 줄을 내가 아노라
6 그가 여기 계시지 않고 그가 말씀 하시던 대로 살아나셨느니라 와서 그가 누우셨던 곳을 보라
7 또 빨리 가서 그의 제자들에게 이르되 그가 죽은 자 가운데서 살아나셨고 너희보다 먼저 갈릴리로 가시나니 거기서 너희가 뵈오리라 하라 보라 내가 너희에게 일렀느니라 하거늘
8 그 여자들이 무서움과 큰 기쁨으로 빨리 무덤을 떠나 제자들에게 알리려고 달음질할새
9 예수께서 그들을 만나 이르시되 평안하냐 하시거늘 여자들이 나아가 그 발을 붙잡고 경배하니

¹⁰ 이에 예수께서 이르시되 무서워하지 말라 가서 내 형제들에게 갈릴리로 가라 하라 거기서 나를 보리라 하시니라

    1988년 아르메니아에 발생한 규모 7.0의 강진으로 사상자가 10만여 명이나 발생했습니다. 이로 인해 스물여섯 살의 스잔나 페트로시안과 그녀의 네 살 된 딸 가야니는 건물 벽 속에 갇혔다가 14일 만에 구조되었습니다. 모녀는 죽음의 공포를 느끼며 구조될 날만을 기다렸습니다. 그 와중에 네 살 된 딸은 갈증과 굶주림에 지쳐 울기 시작했습니다. 그때 어머니 스잔나는 유리 조각으로 자신의 손가락을 찔러 딸에게 자신의 피를 먹였습니다. 모녀가 구출되었을 때 어머니 스잔나의 열 손가락은 모두 피범벅이었습니다. 어머니는 딸을 살리자는 생각에 자신의 생명이 위태로울 수 있음을 알고도 자신의 피를 먹인 것입니다. 예수님 역시 우리를 살리기 위해서 십자가에서 피를 흘려 돌아가셨습니다. 하지만 예수님의 죽음은 끝이 아니라 새로운 시작이었습니다.

죽음을 이기시고 부활하셨다

    예수님은 십자가에서 사망 판정을 받으셨습니다. 예수님의 몸에서 뛰던 심장은 완전히 멈추었습니다. 많은 양의 혈액이 예수님의 몸에서 빠져나갔습니다. 예수님의 사형을 집행하던 로마 군사들은 예수님의 심장이 멈추고 호흡이 끊어진 것을 직접 확인했습니다(요 19:33, 34). 예수님의 시신은 죽은 채 사흘 동안 무덤에 있었습니다. 하지만 안식 후 첫날 큰 지진이 나며 주의 천사가 하늘로부터 내려와 돌을 굴려 내고 그 위에 앉았습니다(2절). 지키던 병사들은 무서워 벌벌 떨었습니다(4절). 눈으로 보고도 믿을 수

없는 일이 일어났습니다. 천사는 예수님의 무덤을 찾아온 여자들에게 예수님은 무덤에 계시지 않고 살아나셨다고 말해 주었습니다. 여자들은 정말 예수님의 시신이 없는 것을 눈으로 확인했습니다(5, 6절). 사망도 예수님을 가둘 수는 없었습니다. 그 예수님이 우리의 구원자 되십니다.

예수님은 말씀대로 부활하셨다

예수님은 여러 차례 대제사장들과 바리새인들의 손에 넘겨져 죽을 것을 말씀하셨습니다. 또한 그 죽음이 끝이 아니라 죽은 지 사흘 만에 다시 살아날 것도 말씀하셨습니다(마 17:22, 23; 눅 24:7). 그러나 제자들은 이 말씀이 무슨 뜻인지 깨닫지 못했습니다. 예수님의 제자들이나 종교 지도자들 모두 예수님의 죽음을 '끝'이라고 생각했습니다. 새벽에 예수님을 찾은 여인들도 예수님을 사랑했지만, 예수님의 말씀을 제대로 이해하지 못했습니다. 그러나 예수님은 말씀하신 것처럼 다시 살아나셨습니다. 예수님의 말씀을 믿으면 앞일을 두려워하는 것이 아니라 소망을 갖고 기대하게 됩니다. 우리의 미래는 예수님이 말씀하신 대로 될 것입니다. 예수님은 말씀하신 대로 다시 오시며, 세상을 심판하시고, 우리는 예수님과 함께 영원한 안식을 누리게 될 것입니다.

예수님의 부활은 예수님을 믿는 우리도 부활할 것임을 말해 줍니다(요 11:25). 성도의 죽음은 끝이 아니라 새로운 시작입니다. 성도는 주님과 함께 영광스러운 부활을 맞이할 것입니다. 예수님은 우리를 부활 소망으로 이끄시려고 돌아가셨습니다. 이것이 죽음을 향해 가는 우리에게 소망과 위로를 줍니다. 부활하신 예수님처럼 우리도 마지막 날에 부활하게 된다는 것을 믿기 바랍니다.

❸ 나눔

1. 예수님의 죽음과 부활이 나에게 어떤 의미인지 가족과 나눠 보세요.
2. 예수님이 부활하신 기쁜 소식을 전할 계획을 세워 가족과 나눠 보세요.

❸ 기도

우리를 위해 십자가를 지시고, 부활하신 예수님, 감사합니다. 우리 가정이 사망 권세를 깨트리신 예수님 안에서 안식을 누리게 하소서. 예수님 안에서 생명을 얻고 더 풍성하게 되는 가정이 되게 하소서. 승리하신 예수님의 이름으로 기도합니다. 아멘.

❸ 이번 주 우리 가족 미션

❸ 한 주의 생명 양식

1. ❤ 마 21:12-17
2. ❤ 마 23:29-39
3. ❤ 마 24:3-14
4. ❤ 마 26:17-35
5. ❤ 마 27:45-56
6. ❤ 마 27:57-66
7. ❤ 마 28:1-10

15주

하나님의 능력을 인정하라

- 역대상 14:1-17
- 찬송가 28장 복의 근원 강림하사

역대상 14장 1-17절

1 두로 왕 히람이 다윗에게 사신들과 백향목과 석수와 목수를 보내 그의 궁전을 건축하게 하였더라

2 다윗이 여호와께서 자기를 이스라엘의 왕으로 삼으신 줄을 깨달았으니 이는 그의 백성 이스라엘을 위하여 그의 나라가 높이 들림을 받았음을 앎이었더라

3 다윗이 예루살렘에서 또 아내들을 맞아 다윗이 다시 아들들과 딸들을 낳았으니

4 예루살렘에서 낳은 아들들의 이름은 삼무아와 소밥과 나단과 솔로몬과

5 입할과 엘리수아와 엘벨렛과

6 노가와 네벡과 야비아와

7 엘리사마와 브엘랴다와 엘리벨렛이었더라

8 다윗이 기름 부음을 받아 온 이스라엘의 왕이 되었다 함을 블레셋 사람들이 듣고 모든 블레셋 사람들이 다윗을 찾으러 올라오매 다윗이 듣고 대항하러 나갔으나

9 블레셋 사람들이 이미 이르러 르바임 골짜기로 쳐들어온지라

10 다윗이 하나님께 물어 이르되 내가 블레셋 사람들을 치러 올라가리이까 주께서 그들을 내 손에 넘기시겠나이까 하니 여호와께서 그에게 이르시되 올라가라 내가 그들을 네 손에 넘기리라 하신지라

¹¹ 이에 무리가 바알브라심으로 올라갔더니 다윗이 거기서 그들을 치고 다윗이 이르되 하나님이 물을 쪼갬 같이 내 손으로 내 대적을 흩으셨다 하므로 그 곳 이름을 바알브라심이라 부르니라
¹² 블레셋 사람이 그들의 우상을 그 곳에 버렸으므로 다윗이 명령하여 불에 사르니라
¹³ 블레셋 사람들이 다시 골짜기를 침범한지라
¹⁴ 다윗이 또 하나님께 묻자온대 하나님이 이르시되 마주 올라가지 말고 그들 뒤로 돌아 뽕나무 수풀 맞은편에서 그들을 기습하되
¹⁵ 뽕나무 꼭대기에서 걸음 걷는 소리가 들리거든 곧 나가서 싸우라 너보다 하나님이 앞서 나아가서 블레셋 사람들의 군대를 치리라 하신지라
¹⁶ 이에 다윗이 하나님의 명령대로 행하여 블레셋 사람들의 군대를 쳐서 기브온에서부터 게셀까지 이르렀더니
¹⁷ 다윗의 명성이 온 세상에 퍼졌고 여호와께서 모든 이방 민족으로 그를 두려워하게 하셨더라

영국 「크리스천 포스트」지는 2016년 10월 2일자 지면에 예수님이 새로운 회심자들을 무슬림의 공격에서 모래 폭풍으로 보호하셨다는 소식을 실었습니다. 모래 폭풍 속에서 하나님을 만난 16명의 IS 대원들은 예수님을 영접했고, 자신들의 삶을 예수님께 드렸습니다. 하나님은 능력이 무한하셔서 우리가 이해할 수 없는 방법으로도 일하십니다. 다윗은 하나님의 능력을 크게 경험한 사람이었습니다.

🌱 하나님이 형통하게 하신다

형통은 우리의 노력에 따라 주어지는 것이 아니라 하나님이 주시는 복입니다. 그는 이스라엘 백성뿐만 아니라 이방 나라의 왕까지도 인정하는 왕이었습니다. 두로 왕 히람은 다윗과 동맹 관계를 견고히 하기 위해 사신들과 궁전을 지을 건축 자재를 보냈습니다. 이것은 다윗의 위상이 높아졌

음을 의미합니다. 하나님은 다윗의 인생을 형통하게 하셨습니다. 다윗이 자신을 낮추고 겸손하게 하나님을 높였기 때문입니다. 하나님이 형통으로 이끄는 사람은 자기를 낮추고 하나님이 하신 일을 자랑하는 사람입니다. 하나님이 하셨다는 사실을 겸손하게 고백하며 하나님께 영광을 돌리는 복된 가정이 되길 바랍니다.

하나님이 승리하게 하신다

다윗이 이스라엘의 왕이 되자 블레셋이 쳐들어왔습니다. 그들은 르바임 골짜기까지 쳐들어와 이스라엘과 다윗을 위협했습니다. 하지만 다윗은 걱정하는 대신 기도합니다. 하나님은 블레셋을 다윗의 손에 넘겨주시겠다고 약속하셨습니다(10절). 다윗이 세운 전략이 블레셋을 물리치는 데 결정적인 역할을 한 것이 아닙니다. 하나님의 방법을 따르면 적은 숫자로도 큰 군대를 이길 수 있습니다. 다윗은 사자나 곰에게서 양을 지킬 때도, 골리앗을 쓰러뜨릴 때도, 블레셋과 전쟁할 때도 하나님을 의지했습니다. 그리고 결과는 언제나 승리였습니다.

하나님은 하나님을 의지하는 자에게 하나님의 능력을 베풀어 주십니다. 나의 지혜와 힘을 믿고 사는 것이 아니라 하나님의 능력을 인정하여, 하나님이 주시는 힘으로 살아가는 가정이 되길 바랍니다.

🌱 나눔

1. 하나님의 지혜와 힘을 의지하여 형통하게 된 경험이 있다면 가족과 나눠 보세요.
2. "하나님이 하셨습니다"라고 고백할 수밖에 없는 경험을 한 적이 있다면 가족과 나눠 보세요.

🌱 기도

큰 능력과 깊은 지혜의 하나님, 우리 가정을 형통의 길로 인도해 주셔서 감사합니다. 다윗이 하나님으로 인하여 형통을 경험한 것처럼 우리 가정 역시 하나님께 기대어 형통을 경험하길 원합니다. 하나님의 지혜와 능력을 의존하는 가정이 되게 하소서. 우리 가정의 힘이 되시는 예수님의 이름으로 기도합니다. 아멘.

🌱 이번 주 우리 가족 미션

🌱 한 주의 생명 양식

1. ♥ 대상 11:1-19
2. ♥ 대상 11:20-47
3. ♥ 대상 12:1-22
4. ♥ 대상 12:23-40
5. ♥ 대상 13:1-14
6. ♥ 대상 14:1-17
7. ♥ 대상 15:1-15

16주

하나님의 권위를 인정하라

- 역대상 17:16-27
- 찬송가 212장 겸손히 주를 섬길 때

역대상 17장 16-27절

16 다윗 왕이 여호와 앞에 들어가 앉아서 이르되 여호와 하나님이여 나는 누구이오며 내 집은 무엇이기에 나에게 이에 이르게 하셨나이까
17 하나님이여 주께서 이것을 오히려 작게 여기시고 또 종의 집에 대하여 먼 장래까지 말씀하셨사오니 여호와 하나님이여 나를 존귀한 자들 같이 여기셨나이다
18 주께서 주의 종에게 베푸신 영예에 대하여 이 다윗이 다시 주께 무슨 말을 하오리이까 주께서는 주의 종을 아시나이다
19 여호와여 주께서 주의 종을 위하여 주의 뜻대로 이 모든 큰 일을 행하사 이 모든 큰 일을 알게 하셨나이다
20 여호와여 우리 귀로 들은 대로는 주와 같은 이가 없고 주 외에는 하나님이 없나이다
21 땅의 어느 한 나라가 주의 백성 이스라엘과 같으리이까 하나님이 자기 백성을 구속하시려고 나가사 크고 두려운 일로 말미암아 이름을 얻으시고 애굽에서 구속하신 자기 백성 앞에서 모든 민족을 쫓아내셨사오며
22 주께서 주의 백성 이스라엘을 영원히 주의 백성으로 삼으셨사오니 여호와여 주께서 그들의 하나님이 되셨나이다
23 여호와여 이제 주의 종과 그의 집에 대하여 말씀하신 것을 영원히 견고하게 하시며

말씀하신 대로 행하사
²⁴ 견고하게 하시고 사람에게 영원히 주의 이름을 높여 이르기를 만군의 여호와는 이스라엘의 하나님 곧 이스라엘에게 하나님이시라 하게 하시며 주의 종 다윗의 왕조가 주 앞에서 견고히 서게 하옵소서
²⁵ 나의 하나님이여 주께서 종을 위하여 왕조를 세우실 것을 이미 듣게 하셨으므로 주의 종이 주 앞에서 이 기도로 간구할 마음이 생겼나이다
²⁶ 여호와여 오직 주는 하나님이시라 주께서 이 좋은 것으로 주의 종에게 허락하시고
²⁷ 이제 주께서 종의 왕조에 복을 주사 주 앞에 영원히 두시기를 기뻐하시나이다 여호와여 주께서 복을 주셨사오니 이 복을 영원히 누리리이다 하니라

    말을 타고 순찰하던 한 병사가 나폴레옹이 아끼던 말이 달아나는 것을 보고 쫓아가 잡았습니다. 나폴레옹은 자신의 말을 찾았다는 소식을 듣고 기뻤습니다. 나폴레옹은 말을 찾아 준 병사를 찾아가 인사를 건네며 "자네 덕분에 아끼던 말을 잃지 않았네, 대위!"라고 말하며 악수를 한 뒤 돌아갔습니다. 병사는 사병인 자신을 대위라고 부른 나폴레옹의 말을 듣고 잠시 후 인사 장교를 찾아가 나폴레옹 장군이 자신을 대위로 임명했다고 말했습니다. 인사 장교는 병사의 행적을 확인한 후 그에게 대위 계급장과 장교 막사를 배정해 주었습니다. 병사는 나폴레옹의 말이 가진 권위를 믿었기에 대위로 진급할 수 있었습니다. 나폴레옹의 말은 그 자체로 권위를 가집니다. 그가 한 나라를 통치하는 황제였기 때문입니다. 우리가 믿는 하나님은 세상을 통치하시는 권위자입니다. 하나님의 입에서 나오는 말은 그 자체로 권위가 있습니다. 다윗은 하나님이 주신 약속을 믿었습니다. 권위자의 약속이었기 때문입니다. 다윗은 하나님의 권위를 인정하고 약속을 믿었을 때 어떻게 되었습니까?

하나님의 은혜에 감격하게 된다

다윗은 비록 왕복을 입고 궁전에 살며 백성들의 사랑과 존경을 받았지만, 하나님이 보실 때 부족하고 연약한 존재라는 사실을 잊지 않았습니다. 그래서 다윗은 하나님이 부어 주신 은혜와 복을 찬양하지 않을 수 없었습니다(19절). 하나님은 큰 능력과 은혜로 목동 다윗을 이스라엘의 목자로 세우셨습니다. 다윗이 권위 있는 하나님의 약속을 붙들었을 때, 하나님은 그 말씀대로 다윗의 인생을 인도해 주셨습니다. 하나님의 권위 아래에서 은혜에 감격하며 살아가는 복된 가정이 되길 바랍니다.

하나님의 약속을 신뢰하게 된다

하나님이 다윗에게 약속하셨을 때 다윗은 하나님의 약속을 조금도 의심하지 않았습니다. 이 세상은 하나님의 말씀으로 지어졌고 지금도 하나님의 말씀을 따라 흘러가고 있습니다. 그러므로 하나님의 권위를 인정하는 사람은 하나님의 약속을 신뢰하고, 약속의 성취를 기다립니다. 다윗은 하나님이 주신 약속대로 사람들이 하나님의 이름을 높이게 해 달라고 기도합니다(24절). 하나님은 약속을 이루심으로 하나님의 하나님 되심을 드러내십니다. 다윗을 이어 왕위에 오른 솔로몬은 하나님이 다윗에게 주신 약속을 신실하게 이루셨다는 것을 깨달았습니다(왕상 8:24). 하나님의 권위를 인정하여 하나님의 약속을 신뢰하는 가정이 되길 바랍니다.

나무들 속에 갇히다 보면 숲이 보이지 않습니다. 나의 환경에 갇히다 보면 하나님이 행하시는 일을 보지 못할 때가 있습니다. 하나님은 지금도 우리 가정을 위해 좋은 것을 공급해 주십니다(마 7:11). 하나님 안에서 힘을 얻는 가정이 되길 바랍니다.

🌷 나눔

1. 지난 한 주간 하나님께 감사한 내용을 가족과 나눠 보세요.
2. 지금 하나님이 이루어 주시길 원하는 기도 제목을 가족과 나눠 보세요.

🌷 기도

말씀으로 세상을 만드시고, 다스리시는 하나님, 우리 가정이 하나님의 말씀을 더욱 의지합니다. 세상이 외치는 말과 약속에 마음을 빼앗기지 않게 하시고, 하나님의 말씀 안에서 힘을 얻는 가정이 되게 하소서. 약속을 이루실 예수님의 이름으로 기도합니다. 아멘.

🌷 이번 주 우리 가족 미션

🌷 한 주의 생명 양식

1. 대상 15:16-16:6
2. 대상 16:7-36
3. 대상 16:37-43
4. 대상 17:1-15
5. 대상 17:16-27
6. 대상 18:1-17
7. 대상 19:1-19

17주

하나님의 도우심을 인정하라

- 역대상 22:1-19
- 찬송가 304장 그 크신 하나님의 사랑

역대상 22장 1-19절

¹ 다윗이 이르되 이는 여호와 하나님의 성전이요 이는 이스라엘의 번제단이라 하였더라
² 다윗이 명령하여 이스라엘 땅에 거류하는 이방 사람을 모으고 석수를 시켜 하나님의 성전을 건축할 돌을 다듬게 하고
³ 다윗이 또 문짝 못과 거멀 못에 쓸 철을 많이 준비하고 또 무게를 달 수 없을 만큼 심히 많은 놋을 준비하고
⁴ 또 백향목을 무수히 준비하였으니 이는 시돈 사람과 두로 사람이 백향목을 다윗에게로 많이 수운하여 왔음이라
⁵ 다윗이 이르되 내 아들 솔로몬은 어리고 미숙하고 여호와를 위하여 건축할 성전은 극히 웅장하여 만국에 명성과 영광이 있게 하여야 할지라 그러므로 내가 이제 그것을 위하여 준비하리라 하고 다윗이 죽기 전에 많이 준비하였더라
⁶ 다윗이 그의 아들 솔로몬을 불러 이스라엘 하나님 여호와를 위하여 성전 건축하기를 부탁하여
⁷ 다윗이 솔로몬에게 이르되 내 아들아 나는 내 하나님 여호와의 이름을 위하여 성전을 건축할 마음이 있었으나
⁸ 여호와의 말씀이 내게 임하여 이르시되 너는 피를 심히 많이 흘렸고 크게 전쟁하였느

니라 네가 내 앞에서 땅에 피를 많이 흘렸은즉 내 이름을 위하여 성전을 건축하지 못하리라

9 보라 한 아들이 네게서 나리니 그는 온순한 사람이라 내가 그로 주변 모든 대적에게서 평온을 얻게 하리라 그의 이름을 솔로몬이라 하리니 이는 내가 그의 생전에 평안과 안일함을 이스라엘에게 줄 것임이니라

10 그가 내 이름을 위하여 성전을 건축할지라 그는 내 아들이 되고 나는 그의 아버지가 되어 그 나라 왕위를 이스라엘 위에 굳게 세워 영원까지 이르게 하리라 하셨나니

11 이제 내 아들아 여호와께서 너와 함께 계시기를 원하며 네가 형통하여 여호와께서 네게 대하여 말씀하신 대로 네 하나님 여호와의 성전을 건축하며

12 여호와께서 네게 지혜와 총명을 주사 네게 이스라엘을 다스리게 하시고 네 하나님 여호와의 율법을 지키게 하시기를 더욱 원하노라

13 그 때에 네가 만일 여호와께서 모세를 통하여 이스라엘에게 명령하신 모든 규례와 법도를 삼가 행하면 형통하리니 강하고 담대하여 두려워하지 말고 놀라지 말지어다

14 내가 환난 중에 여호와의 성전을 위하여 금 십만 달란트와 은 백만 달란트와 놋과 철을 그 무게를 달 수 없을 만큼 심히 많이 준비하였고 또 재목과 돌을 준비하였으나 너는 더할 것이며

15 또 장인이 네게 많이 있나니 곧 석수와 목수와 온갖 일에 익숙한 모든 사람이니라

16 금과 은과 놋과 철이 무수하니 너는 일어나 일하라 여호와께서 너와 함께 계실지로다 하니라

17 다윗이 또 이스라엘 모든 방백에게 명령하여 그의 아들 솔로몬을 도우라 하여 이르되

18 너희 하나님 여호와께서 너희와 함께 계시지 아니하시느냐 사면으로 너희에게 평온함을 주지 아니하셨느냐 이 땅 주민을 내 손에 넘기사 이 땅으로 여호와와 그의 백성 앞에 복종하게 하셨나니

19 이제 너희는 마음과 뜻을 바쳐서 너희 하나님 여호와를 구하라 그리고 일어나서 여호와 하나님의 성전을 건축하고 여호와의 언약궤와 하나님 성전의 기물을 가져다가 여호와의 이름을 위하여 건축한 성전에 들이게 하라 하였더라

아베 피에르 신부(Abbé Pierre)는 프랑스인이 가장 사랑하는 사람 중 한 명입니다. 그는 '집 없는 이들의 아버지'라 불리며 평생 빈민 운동에 헌신했습니다. 하루는 조르주라는 남자가 찾아왔습니다. 조르주는 자신이 살아온 이야기를 다 털어놓고 죽고 싶다며 도움을 구했습니다. 조르주의 이야기를 들은 피에르 신부는 도와줄 것이 아무것도 없다고 실토하며 엉뚱한 제안을 했습니다. 일손이 부족해서 그러니 죽기 전에 일주일만 나와 함께 봉사활동을 하자는 것이었습니다. 뜻밖의 제안에 조르주는 그렇게 하겠다고 대답하고 곧 집을 짓는 현장에 나가 일을 돕기 시작했습니다. 나중에 그는 "신부님이 제게 돈이든 집이든 일이든 그저 베푸셨더라면 아마도 저는 다시 자살을 시도했을 겁니다. 제게 필요한 것은 살아갈 방편이 아니라 살아야 할 이유였기 때문입니다"라고 말했습니다. 진정한 도움은 살아갈 방편을 제공해 주는 것이 아니라 살아갈 이유를 발견하게 해 주는 것입니다. 다윗은 솔로몬에게 살아가야 할 이유를 설명해 주었습니다. 그 내용은 무엇입니까?

성전을 지어야 한다

다윗은 자신은 넓고 좋은 궁전에 사는데 하나님의 궤는 휘장 아래 초라하게 있는 것 같아 마음이 좋지 않았습니다. 그래서 하나님이 거하실 성전을 웅장하게 지으려고 했습니다(5, 7절). 하지만 하나님은 다윗의 성전 건축을 허락하지 않으셨습니다. 다윗은 군인으로서 많은 피를 흘렸기 때문입니다(8절). 하나님은 그의 소원을 아들인 솔로몬을 통해 이루겠다고 약속해 주셨습니다. 다윗은 아들 솔로몬의 성전 건축을 위해서 모든 것을 준비합니다. 그리고 솔로몬에게 성전 건축의 사명을 맡깁니다. 성전 건축은 이제 솔로몬의 삶의 이유가 되었습니다. 그리고 우리 가정의 삶의 이유 역시 성전 건축입니다. 하나님은 우리 가정이 성전을 사모하며, 성전에서 예배하며, 무너진 성전을 재건하기를 원하십니다. 아버지 다윗의 성전을 향한 열정이 아들인 솔로몬에게 넘어갔듯이, 모든 가정에서 하나님의 성전을 향한 세대 계승이 열정적으로 일어나야 합니다.

형통한 삶을 살아야 한다

성전은 형통한 사람만이 지을 수 있습니다. 삶이 불안하고, 불안정하고, 아픔과 고통의 연속이면 성전을 지을 수가 없습니다. 다윗은 솔로몬이 형통하여 하나님의 성전을 건축하기를 원했습니다(11절). 형통한 삶이란 바로 하나님이 명령하신 모든 규례와 법도를 행하는 삶입니다(13절). 하나님이 함께하시면 사면으로 평온함을 얻게 됩니다(18절). 다윗은 성전에 임재하시는 하나님과 바른 관계 안에 있을 때 형통한 삶이 가능하다는 것을 알았습니다. 성도의 형통은 원하는 것을 얻고 마음에 품은 일이 현실에서 이루어지는 것이 아닙니다. 성도의 형통은 하나님이 함께하시는 것입니다. 요셉의 인생은 형통이 무엇인지를 보여 줍니다. 성경은 요셉이 누명을 쓰고 죄수가 되어 감옥에 갇혔을 때 형통했다고 말합니다(창 39:23). 형통과 감옥은 어울리지 않는 단어입니다. 그러나 요셉은 감옥에 있을 때 형통했습니다. 감옥에서도 하나님이 함께해 주셨기 때문입니다. 하나님이 함께하시는 것이 형통입니다. 하나님과 함께해서 형통한 삶을 사는 가정이 되길 바랍니다.

성전 건축은 하나님과의 관계를 바르게 하는 시작입니다. 성전보다 크신 하나님과 만나는 것이 은혜의 출발점입니다. 성경은 우리를 하나님의 성전에 비유합니다(고전 3:16). 우리 몸을 거룩한 산 제물로 드리라고 말씀합니다. 이것이 성도인 우리가 하나님께 드릴 영적 예배입니다(롬 12:1). 하나님이 성전 된 우리 삶에 임재하실 때 우리는 하나님이 주시는 은혜로 충만해집니다. 그때가 바로 형통할 때입니다. 살아가는 이유가 분명한 복된 가정이 되길 바랍니다.

🌷 나눔

1. 내가 생각하는 가장 아름다운 성전의 모습을 가족과 나눠 보세요.
2. 외적인 삶은 힘든데 내적으로는 형통하다는 느낌을 받은 적이 있다면, 가족과 나눠 보세요.

🌷 기도

하나님, 우리 가정이 이 땅에서 살아가는 이유가 오직 하나님의 영광이기를 원합니다. 성전을 가까이하며, 성전에서 하나님을 예배하기를 기뻐하는 가정이 되게 하소서. 하나님의 말씀을 지켜 형통한 삶을 살게 하소서. 우리 가정을 통해 영광을 받으실 예수님의 이름으로 기도합니다. 아멘.

🌷 이번 주 우리 가족 미션

🌷 한 주의 생명 양식

1. ♥ 대상 20:1-8
2. ♥ 대상 21:1-17
3. ♥ 대상 21:18-30
4. ♥ 대상 22:1-19
5. ♥ 대상 23:1-23
6. ♥ 대상 23:24-32
7. ♥ 대상 24:1-31

| 18주 |

온전한 마음으로 자원하라

- 역대상 29:1-19
- 찬송가 545장 이 눈에 아무 증거 아니 뵈어도

역대상 29장 1-19절

1 다윗 왕이 온 회중에게 이르되 내 아들 솔로몬이 유일하게 하나님께서 택하신 바 되었으나 아직 어리고 미숙하며 이 공사는 크도다 이 성전은 사람을 위한 것이 아니요 여호와 하나님을 위한 것이라
2 내가 이미 내 하나님의 성전을 위하여 힘을 다하여 준비하였나니 곧 기구를 만들 금과 은과 놋과 철과 나무와 또 마노와 가공할 검은 보석과 채석과 다른 모든 보석과 옥돌이 매우 많으며
3 성전을 위하여 준비한 이 모든 것 외에도 내 마음이 내 하나님의 성전을 사모하므로 내가 사유한 금, 은으로 내 하나님의 성전을 위하여 드렸노니
4 곧 오빌의 금 삼천 달란트와 순은 칠천 달란트라 모든 성전 벽에 입히며
5 금, 은 그릇을 만들며 장인의 손으로 하는 모든 일에 쓰게 하였노니 오늘 누가 즐거이 손에 채워 여호와께 드리겠느냐 하는지라
6 이에 모든 가문의 지도자들과 이스라엘 모든 지파의 지도자들과 천부장과 백부장과 왕의 사무관이 다 즐거이 드리되
7 하나님의 성전 공사를 위하여 금 오천 달란트와 금 만 다릭 은 만 달란트와 놋 만 팔천 달란트와 철 십만 달란트를 드리고

8 보석을 가진 모든 사람은 게르손 사람 여히엘의 손에 맡겨 여호와의 성전 곳간에 드렸더라

9 백성들은 자원하여 드렸으므로 기뻐하였으니 곧 그들이 성심으로 여호와께 자원하여 드렸으므로 다윗 왕도 심히 기뻐하니라

10 다윗이 온 회중 앞에서 여호와를 송축하여 이르되 우리 조상 이스라엘의 하나님 여호와여 주는 영원부터 영원까지 송축을 받으시옵소서

11 여호와여 위대하심과 권능과 영광과 승리와 위엄이 다 주께 속하였사오니 천지에 있는 것이 다 주의 것이로소이다 여호와여 주권도 주께 속하였사오니 주는 높으사 만물의 머리이심이니이다

12 부와 귀가 주께로 말미암고 또 주는 만물의 주재가 되사 손에 권세와 능력이 있사오니 모든 사람을 크게 하심과 강하게 하심이 주의 손에 있나이다

13 우리 하나님이여 이제 우리가 주께 감사하오며 주의 영화로운 이름을 찬양하나이다

14 나와 내 백성이 무엇이기에 이처럼 즐거운 마음으로 드릴 힘이 있었나이까 모든 것이 주께로 말미암았사오니 우리가 주의 손에서 받은 것으로 주께 드렸을 뿐이니이다

15 우리는 우리 조상들과 같이 주님 앞에서 이방 나그네와 거류민들이라 세상에 있는 날이 그림자 같아서 희망이 없나이다

16 우리 하나님 여호와여 우리가 주의 거룩한 이름을 위하여 성전을 건축하려고 미리 저축한 이 모든 물건이 다 주의 손에서 왔사오니 다 주의 것이니이다

17 나의 하나님이여 주께서 마음을 감찰하시고 정직을 기뻐하시는 줄을 내가 아나이다 내가 정직한 마음으로 이 모든 것을 즐거이 드렸사오며 이제 내가 또 여기 있는 주의 백성이 주께 자원하여 드리는 것을 보오니 심히 기쁘도소이다

18 우리 조상들 아브라함과 이삭과 이스라엘의 하나님 여호와여 주께서 이것을 주의 백성의 심중에 영원히 두어 생각하게 하시고 그 마음을 준비하여 주께로 돌아오게 하시오며

19 또 내 아들 솔로몬에게 정성된 마음을 주사 주의 계명과 권면과 율례를 지켜 이 모든 일을 행하게 하시고 내가 위하여 준비한 것으로 성전을 건축하게 하옵소서 하였더라

스코틀랜드 최초의 인도 선교사는 알렉산더 더프(Alexander Duff)입니다. 그는 인도 사회가 변하려면 상류층이 변해야 한다는 생각을 가지고 인도

캘커타에서 교육 선교를 했습니다. 그가 세운 학교에서 졸업생이 수만 명 배출되어 인도 사회에 적지 않은 영향을 끼쳤습니다. 더프가 인도 선교에 헌신한 계기는 어릴 적 한 사건으로 거슬러 올라갑니다. 더프는 다니던 교회에서 선교 헌금을 드릴 돈이 없었습니다. 그래서 헌금 바구니 안에 들어가 "하나님, 저는 헌금할 돈이 없습니다. 그래서 제 몸을 헌금으로 바칩니다. 받아 주세요"라고 기도했습니다. 그리고 13년이 지나 23세에 청년 교사로 인도에 갔던 것입니다. 더프는 온전한 마음으로 자신의 삶을 하나님께 드렸습니다. 그리고 하나님은 더프의 삶을 기쁘게 받으셨습니다. 다윗 역시 성전 건축을 위해 온전한 마음으로 하나님께 모든 것을 드립니다. 우리는 다윗의 모습을 통해서 온전한 마음이 무엇인지를 배우게 됩니다.

온전한 마음은 자원하는 마음이다

성전 건축에는 재정과 재료가 많이 필요합니다. 다윗은 성전 건축을 직접 하지는 못하지만, 성전 건축을 준비하는 데 최선을 다합니다. 다윗은 성전 건축이라는 중요한 일을 완수해야 할 솔로몬이 아직 어리고 미숙했기 때문에 할 수 있는 한 많은 것을 준비합니다. 성전에서 사용할 기구를 만들 금과 은을 포함해 많은 종류의 재료들을 충분히 준비했습니다(2절). 이 외에도 다윗은 자기 소유의 재물을 하나님께 드렸습니다. 다윗이 하나님께 드린 오빌의 금은 당시에 가장 좋은 품질이었습니다. 다윗은 금 3,000달란트를 드렸는데 오늘날의 단위로 환산하면 일 톤 트럭으로 102대 분량에 해당하는 양입니다. 또 다윗은 가장 좋은 품질의 은 238톤(7,000달란트)을 드렸습니다. 하지만 다윗이 드린 금은의 양보다 그가 어떤 마음으로 드렸는지에 더 주목해야 합니다. 그는 하나님의 성전을 사모하는 마음으로 자신의 재산을 기꺼이 드렸습니다(3b절). 이스라엘 가문의 지도자들과 지파의 지도자들, 천부장과 백부장, 왕의 사무관 등 지도층도 자원하는 마음으로 기쁘게 재물을 드렸습니다. 하나님은 자원하는 마음을 기쁘게 받으십니다. 하나님께 드리는 것에 인색함이 없는 복된 가정이 되길 바랍니다.

온전한 마음은 하나님이 주인 됨을 고백하는 마음이다

다윗이 자원하는 마음으로 하나님께 드릴 수 있었던 것은 하나님이 나의 주인이시고 나의 모든 것은 하나님께 속했다는 것을 알고 있었기 때문입니다(11절). 다윗은 하나님이 만물의 주인이시고, 모든 것이 하나님의 손에 있다는 사실을 항상 기억하고 살았습니다. 하나님을 만물의 주인으로 고백하는 사람은 내 것을 움켜쥐려고 애쓰지 않습니다. 내 손에 무엇이 들어 있든 하나님에게서 왔음을 알기 때문입니다. 모든 것이 하나님의 손에 있다는 것을 기억하고 믿는 사람은 자원하는 마음으로 하나님께 드릴 때 힘들어하지 않습니다. 도리어 기뻐합니다. 하지만 내 것이라고 생각하는 순간, 온전한 마음으로 하나님께 드릴 수 없게 됩니다. 우리의 생명도 하나님에게서 온 것이고, 우리가 소유한 것뿐만 아니라 만물이 하나님의 것입니다.

다윗은 처음부터 자신이 소유한 것을 가질 만한 힘이나 능력이 없었다는 것을 너무 잘 알고 있었습니다. 하나님이 주셨다는 것을 한시도 잊지 않았습니다. 다윗은 자신이 가진 것을 드렸지만 그것조차도 하나님이 주셨기 때문에 드릴 수 있었다고 고백합니다. '내 것이 아니라 하나님의 것을 하나님을 위해 드렸다'라는 것입니다(14, 16절).

C. T. 스터드는 "예수 그리스도가 하나님이시며 나를 위해 돌아가셨다면 그를 위한 어떠한 희생도 결코 크다고 할 수 없다"라고 말했습니다. 나

의 모든 것이 하나님이 주신 것인데, 하나님께 그것 중에 얼마를 자원하여 드리지 못한다면 그것이 이상한 것입니다. 자원하는 마음과 감사한 마음으로 하나님께 즐겨 드리는 복된 가정이 되길 바랍니다.

❸ 나눔

1. 지금까지 하나님께 자원하여 드린 것 가운데 가장 기억에 남는 것은 무엇인지 가족과 나눠 보세요.
2. "나의 _____은 하나님의 것입니다." 빈칸에 다양한 단어를 넣어서 문장을 완성하고 가족과 나눠 보세요.

❸ 기도

온 땅의 주권과 권능을 가지신 하나님, 우리 가정을 두 팔로 보호해 주셔서 감사합니다. 우리 가정의 모든 것을 채우시고 공급해 주셔서 감사합니다. 우리 가정이 자원하는 마음으로 하나님께 드리기를 기뻐하는 가정이 되길 원합니다. 우리 가정을 기쁘게 받으실 예수님의 이름으로 기도합니다. 아멘.

❸ 이번 주 우리 가족 미션

❸ 한 주의 생명 양식

1. 대상 25:1-31
2. 대상 26:1-19
3. 대상 26:20-32
4. 대상 27:1-15
5. 대상 27:16-34
6. 대상 28:1-21
7. 대상 29:1-19

19주

온전한 마음으로 하나님을 예배하라

- 역대하 5:1-14
- 찬송가 191장 내가 매일 기쁘게

역대하 5장 1-14절

1 솔로몬이 여호와의 전을 위하여 만드는 모든 일을 마친지라 이에 솔로몬이 그의 아버지 다윗이 드린 은과 금과 모든 기구를 가져다가 하나님의 전 곳간에 두었더라
2 이에 솔로몬이 여호와의 언약궤를 다윗 성 곧 시온에서부터 메어 올리고자 하여 이스라엘 장로들과 모든 지파의 우두머리 곧 이스라엘 자손의 족장들을 다 예루살렘으로 소집하니
3 일곱째 달 절기에 이스라엘 모든 사람이 다 왕에게로 모이고
4 이스라엘 장로들이 이르매 레위 사람들이 궤를 메니라
5 궤와 회막과 장막 안에 모든 거룩한 기구를 메고 올라가되 레위인 제사장들이 그것들을 메고 올라가매
6 솔로몬 왕과 그 앞에 모인 모든 이스라엘 회중이 궤 앞에서 양과 소로 제사를 드렸으니 그 수가 많아 기록할 수도 없고 셀 수도 없었더라
7 제사장들이 여호와의 언약궤를 그 처소로 메어 들였으니 곧 본전 지성소 그룹들의 날개 아래라
8 그룹들이 궤 처소 위에서 날개를 펴서 궤와 그 채를 덮었는데
9 그 채가 길어서 궤에서 나오므로 그 끝이 본전 앞에서 보이나 밖에서는 보이지 아니

하며 그 궤가 오늘까지 그 곳에 있으며
¹⁰ 궤 안에는 두 돌판 외에 아무것도 없으니 이것은 이스라엘 자손이 애굽에서 나온 후 여호와께서 그들과 언약을 세우실 때에 모세가 호렙에서 그 안에 넣은 것이더라
¹¹ 이 때에는 제사장들이 그 반열대로 하지 아니하고 스스로 정결하게 하고 성소에 있다가 나오매
¹² 노래하는 레위 사람 아삽과 헤만과 여두둔과 그의 아들들과 형제들이 다 세마포를 입고 제단 동쪽에 서서 제금과 비파와 수금을 잡고 또 나팔 부는 제사장 백이십 명이 함께 서 있다가
¹³ 나팔 부는 자와 노래하는 자들이 일제히 소리를 내어 여호와를 찬송하며 감사하는데 나팔 불고 제금 치고 모든 악기를 울리며 소리를 높여 여호와를 찬송하여 이르되 선하시도다 그의 자비하심이 영원히 있도다 하매 그 때에 여호와의 전에 구름이 가득한지라
¹⁴ 제사장들이 그 구름으로 말미암아 능히 서서 섬기지 못하였으니 이는 여호와의 영광이 하나님의 전에 가득함이었더라

김동신 사진작가가 소록도를 방문했을 때, 어느 날 연세가 지긋한 한센병 환자인 할머니가 혼자서 넓은 예배당을 청소하는 모습을 보고 큰 감명을 받았습니다. 할머니는 성전을 진심으로 사랑하는 분이었고 예배가 무엇인지를 아는 분이었습니다. 솔로몬 성전이 드디어 완공되었습니다. 이제 성전에서 합당하게 예배하는 일이 남았습니다. 하나님의 백성은 성전에서 어떻게 예배해야 합니까?

하나님의 말씀을 중심으로 예배해야 한다

솔로몬이 지은 성전은 크고 웅장했고 그 안에 금은으로 만든 기구들을 넣어 화려했습니다. 솔로몬은 하나님이 거하시는 처소가 되길 바라는 마음으로 성전을 건축했습니다. 그래서 성전 봉헌을 하는 솔로몬은 제일 먼저 다윗성에 모셔 둔 언약궤를 새로 지은 성전으로 모셔 왔습니다. 솔로몬

은 이 자리에 이스라엘의 장로들과 모든 지파의 지도자들과 백성들을 불러 모았습니다(2절). 하나님이 성전의 주인이시며, 하나님의 말씀이 가장 중요함을 모든 사람이 알기를 원했기 때문입니다. 아무리 성전이 아름답고 웅장해도 하나님의 말씀이 없으면 그곳은 큰 건물에 불과합니다. 성전에서 예배할 때마다 하나님의 말씀을 온 삶으로 받들 수 있기를 바랍니다.

하나님의 임재가 가득한 예배를 드려야 한다

성소에서 나올 때 구름이 성전에 가득했다는 것은 하나님이 이 성전을 기쁘게 받으셨고, 그곳에 임재하시겠다는 약속을 지키셨다는 뜻이었습니다(14절). 하나님의 충만한 임재 때문에 제사장들이 능히 서서 섬기지 못할 정도였습니다. 이것은 모세가 광야에서 성막을 봉헌할 때 있던 일이기도 합니다(출 40:34, 35). 이스라엘은 40년간 광야 길을 걸을 때도 하나님의 임재를 상징하는 구름을 따라 이동했습니다(출 40:36). 하나님의 임재가 가득한 예배를 드리며 하나님을 생생하게 만나기를 바랍니다.

성전은 하나님을 온전히 예배하는 곳입니다. 핵심은 하나님의 말씀에 대한 태도입니다. 하나님의 말씀에 순종하느냐 불순종하느냐가 이스라엘의 미래를 결정합니다. 성전에서 예배할 때마다 하나님의 충만한 임재를 소망해야 합니다. 가정예배를 말씀 중심으로, 성령의 충만함 속에서 드리길 바랍니다.

❸ 나눔

1. 최근에 예배에서 들은 성경 말씀 중에 가장 큰 은혜를 경험한 말씀은 무엇인지 가족과 나눠 보세요.
2. 하나님의 충만한 임재 속에서 예배한 경험을 가족과 나눠 보세요.

❸ 기도

선하시며 자비하심이 영원한 하나님, 우리 가정의 예배를 받아 주셔서 감사합니다. 우리 가정에 하나님의 말씀을 향한 열정이 가득하게 하시고, 예배할 때마다 하나님의 충만한 임재 속에서 하나님을 예배하게 하소서. 영광을 받으실 예수님의 이름으로 기도합니다. 아멘.

❸ 이번 주 우리 가족 미션

❸ 한 주의 생명 양식

1. ♥ 대상 29:20-30
2. ♥ 대하 1:1-17
3. ♥ 대하 2:1-18
4. ♥ 대하 3:1-17
5. ♥ 대하 4:1-10
6. ♥ 대하 4:11-22
7. ♥ 대하 5:1-14

20주

온전한 마음으로
말씀을 지키라

- 역대하 8:1-18
- 찬송가 365장 마음속에 근심 있는 사람

역대하 8장 1-18절

1 솔로몬이 여호와의 전과 자기의 궁궐을 이십 년 동안에 건축하기를 마치고

2 후람이 솔로몬에게 되돌려 준 성읍들을 솔로몬이 건축하여 이스라엘 자손에게 거기에 거주하게 하니라

3 솔로몬이 가서 하맛소바를 쳐서 점령하고

4 또 광야에서 다드몰을 건축하고 하맛에서 모든 국고성들을 건축하고

5 또 윗 벧호론과 아랫 벧호론을 건축하되 성벽과 문과 문빗장이 있게 하여 견고한 성읍으로 만들고

6 또 바알랏과 자기에게 있는 모든 국고성들과 모든 병거성들과 마병의 성들을 건축하고 솔로몬이 또 예루살렘과 레바논과 그가 다스리는 온 땅에 건축하고자 하던 것을 다 건축하니라

7 이스라엘이 아닌 헷 족속과 아모리 족속과 브리스 족속과 히위 족속과 여부스 족속의 남아 있는 모든 자

8 곧 이스라엘 자손이 다 멸하지 않았으므로 그 땅에 남아 있는 그들의 자손들을 솔로몬이 역군으로 삼아 오늘에 이르렀으되

9 오직 이스라엘 자손은 솔로몬이 노예로 삼아 일을 시키지 아니하였으니 그들은 군사

와 지휘관의 우두머리들과 그의 병거와 마병의 지휘관들이 됨이라
10 솔로몬 왕의 공장을 감독하는 자들이 이백오십 명이라 그들이 백성을 다스렸더라
11 솔로몬이 바로의 딸을 데리고 다윗 성에서부터 그를 위하여 건축한 왕궁에 이르러 이르되 내 아내가 이스라엘 왕 다윗의 왕궁에 살지 못하리니 이는 여호와의 궤가 이른 곳은 다 거룩함이니라 하였더라
12 솔로몬이 낭실 앞에 쌓은 여호와의 제단 위에 여호와께 번제를 드리되
13 모세의 명령을 따라 매일의 일과대로 안식일과 초하루와 정한 절기 곧 일년의 세 절기 무교절과 칠칠절과 초막절에 드렸더라
14 솔로몬이 또 그의 아버지 다윗의 규례를 따라 제사장들의 반열을 정하여 섬기게 하고 레위 사람들에게도 그 직분을 맡겨 매일의 일과대로 찬송하며 제사장들 앞에서 수종들게 하며 또 문지기들에게 그 반열을 따라 각 문을 지키게 하였으니 이는 하나님의 사람 다윗이 전에 이렇게 명령하였음이라
15 제사장들과 레위 사람들이 국고 일에든지 무슨 일에든지 왕이 명령한 바를 전혀 어기지 아니하였더라
16 솔로몬이 여호와의 전의 기초를 쌓던 날부터 준공하기까지 모든 것을 완비하였으므로 여호와의 전 공사가 결점 없이 끝나니라
17 그 때에 솔로몬이 에돔 땅의 바닷가 에시온게벨과 엘롯에 이르렀더니
18 후람이 그의 신복들에게 부탁하여 배와 바닷길을 아는 종들을 보내매 그들이 솔로몬의 종들과 함께 오빌에 이르러 거기서 금 사백오십 달란트를 얻어 솔로몬 왕에게로 가져왔더라

　　인도와 이란에서 선교사로 활동했던 헨리 마틴(Henry Martyn)은 서른한 살이라는 젊은 나이에 전염병으로 세상을 떠났습니다. 그는 죽기 9개월 전에 신앙 일기에 이렇게 썼습니다. "어느 모로 보나 올해는 지금까지의 어느 해보다 더 위험할 것이다. 그러나 내가 이란어 신약성경을 완성할 때까지 산다면 나의 소임을 다한 셈이 될 것이다. 살든지 죽든지 내 안에서 그리스도께서 영광을 얻으시기를 소원한다. 만일 주님이 내게 맡기실 일

이 있다면 나는 죽지 않을 것이다." 죽기 7년 전인 스물네 살 때는 이렇게 말했습니다. "하나님이 우주의 주권자가 아니시라면 나는 참으로 비참할 것이다. 그러나 주님이 다스리시니 땅은 즐거워하라. 그리스도의 대의가 승리할 것이다. 오 나의 영혼아, 너는 그것을 알고 행복해하라."* 헨리 마틴은 비록 서른한 살이라는 젊은 나이에 세상을 떠났으나 그가 번역한 성경을 통해 수많은 인도인이 하나님을 믿게 되었습니다. 지금도 온전한 마음으로 하나님을 섬기는 사람들을 통해서 하나님 나라는 확장됩니다.

말씀을 지킬 때 삶이 안전해진다

솔로몬은 20년간 하나님의 성전과 자기의 궁궐을 건축했습니다. 장기간의 건축을 무사히 성공적으로 마칠 수 있던 이유는 하나님이 지혜와 부를 허락해 주셨기 때문입니다. 솔로몬은 하나님이 주신 모든 것을 사용해 성전과 왕궁 건축을 이루었습니다. 또한 솔로몬은 전략적 요충지에 성과 성벽을 건축했습니다. 솔로몬은 먼저 하맛소바를 정복하고, 다메섹 북동쪽 광야에 다드몰을 건축했습니다(3,4절). 이곳은 메소포타미아 지역으로 가는 중요한 통상로였습니다. 솔로몬은 통상로를 선점해서 경제적 이익을 얻었습니다. 또한 솔로몬은 남동쪽으로 윗 벧호론과 아래 벧호론을 건축했습니다. 이곳은 예루살렘과 해안 대로를 연결하는 주요 통로였습니다. 솔로몬은 이곳에 성벽과 문과 문빗장이 있는 견고한 성읍을 건축했습니다(5절). 대적의 침입에서 방어를 강화하고 수도를 보호하려는 조치였습니다. 솔로몬은 그가 다스리는 모든 땅에 건축하기로 계획한 것을 다 건축했습니다. 이렇게 솔로몬이 이스라엘 외곽에 성읍을 건축하고, 성벽을 쌓

---

* 존 파이퍼, 『코로나 바이러스와 그리스도』, 조계광 역 (개혁된실천사, 2020), 60-61.

을 수 있던 것은 하나님이 솔로몬의 지경을 넓혀 주셨다는 것을 의미합니다. 솔로몬에게 대단한 능력이 있어서 성전과 왕궁을 건축한 것이 아닙니다. 하나님이 도우셨기 때문에 이 모든 일을 완수할 수 있었습니다.

말씀을 지킬 때 영혼이 안전해진다

솔로몬은 애굽 왕 바로의 딸과 정략결혼을 했습니다. 그러나 바로의 딸을 하나님의 궤를 모신 궁으로 데려오지는 않았습니다. 솔로몬이 이렇게 결정한 것은 하나님의 궤가 이른 곳은 다 거룩하다는 것을 알았기 때문입니다. 솔로몬은 이방인인 바로의 딸을 데려와 하나님이 거룩하다고 하신 곳을 더럽히고 싶지 않았습니다. 솔로몬의 행동은 그가 얼마나 하나님의 성전을 거룩하게 생각하고 주의했는지를 보여 줍니다. 솔로몬은 말씀대로 성전에서 예배하려고 노력했습니다. 자신이 세운 제단에서 하나님께 번제를 드렸습니다. 또 모세의 명령을 따라 안식일과 초하루, 정한 절기에 따라 제사를 드렸습니다(13절). 그리고 다윗의 규례를 따라 제사장들의 반열을 정하고 봉사하게 했습니다. 또 레위 사람들에게 직책을 맡겨서 찬송하는 일과 제사장들을 돕는 일을 하게 했습니다. 제사장들과 레위인들은 국고성을 관리하는 일부터 모든 일을 다윗이 명령한 것에서 하나도 어긋나지 않게 수행했습니다. 솔로몬이 하나님께 매일 번제를 드리고, 모세의 명령을 따라 안식일을 비롯한 절기를 지키고, 다윗이 정한 법을 따를 때 그의 영혼은 평안했습니다. 가진 것이 많고 힘과 권력이 있어도 영혼이 평안하지 못하면 불행합니다. 솔로몬은 외적으로 영향력이 확장되는 분주한 가운데서도 말씀대로 예배하여 영혼의 평안함을 누릴 수 있었습니다.

시편 127편은 솔로몬이 지은 시입니다. "여호와께서 집을 세우지 아니하시면 세우는 자의 수고가 헛되며 여호와께서 성을 지키지 아니하시면 파수꾼의 깨어 있음이 헛되도다." 솔로몬은 이 사실을 명확히 알고 있었습니다. 난공불락의 요새에 있다고 하더라도 하나님이 지켜 주시지 않으면 안전을 장담할 수 없습니다. 온전한 마음으로 하나님의 말씀을 지킬 때 하나님은 그의 인생을 지키시고 인도해 주십니다.

🌱 나눔

1. 하나님의 말씀대로 살기 위해서 최선의 노력을 다해 본 경험을 가족과 나눠 보세요. 어떤 말씀을 어떻게 지키기 위해서 노력했나요?
2. 누구의 말로도 위로가 안 되었는데, 말씀으로 위로를 받은 경험이 있다면 가족과 나눠 보세요.

🌱 기도

우리 가정을 세우시고 지키시는 하나님, 감사합니다. 우리 가정이 하나님의 말씀을 인생의 방향으로 삼고, 하나님의 말씀을 음식 삼아 살게 하소서. 온전한 마음으로 말씀에 순종하며 살게 하소서. 사랑하는 예수님의 이름으로 기도합니다. 아멘.

🌱 이번 주 우리 가족 미션

🌱 한 주의 생명 양식

1. ♥ 대하 6:1-11
2. ♥ 대하 6:12-21
3. ♥ 대하 6:22-31
4. ♥ 대하 6:32-42
5. ♥ 대하 7:1-10
6. ♥ 대하 7:11-22
7. ♥ 대하 8:1-18

21주

온전한 마음을 지키라

- 역대하 12:1-16
- 찬송가 382장 너 근심 걱정 말아라

역대하 12장 1-16절

1 르호보암의 나라가 견고하고 세력이 강해지매 그가 여호와의 율법을 버리니 온 이스라엘이 본받은지라
2 그들이 여호와께 범죄하였으므로 르호보암 왕 제오년에 애굽 왕 시삭이 예루살렘을 치러 올라오니
3 그에게 병거가 천이백 대요 마병이 육만 명이며 애굽에서 그와 함께 온 백성 곧 리비아와 숙과 구스 사람이 헤아릴 수 없이 많더라
4 시삭이 유다의 견고한 성읍들을 빼앗고 예루살렘에 이르니
5 그 때에 유다 방백들이 시삭의 일로 예루살렘에 모였는지라 선지자 스마야가 르호보암과 방백들에게 나아와 이르되 여호와께서 이같이 말씀하시기를 너희가 나를 버렸으므로 나도 너희를 버려 시삭의 손에 넘겼노라 하셨다 한지라
6 이에 이스라엘 방백들과 왕이 스스로 겸비하여 이르되 여호와는 의로우시다 하매
7 여호와께서 그들이 스스로 겸비함을 보신지라 여호와의 말씀이 스마야에게 임하여 이르시되 그들이 스스로 겸비하였으니 내가 멸하지 아니하고 저희를 조금 구원하여 나의 노를 시삭의 손을 통하여 예루살렘에 쏟지 아니하리라
8 그러나 그들이 시삭의 종이 되어 나를 섬기는 것과 세상 나라들을 섬기는 것이 어떠

한지 알게 되리라 하셨더라

9 애굽 왕 시삭이 올라와서 예루살렘을 치고 여호와의 전 보물과 왕궁의 보물을 모두 빼앗고 솔로몬이 만든 금 방패도 빼앗은지라

10 르호보암 왕이 그 대신에 놋으로 방패를 만들어 궁문을 지키는 경호 책임자들의 손에 맡기매

11 왕이 여호와의 전에 들어갈 때마다 경호하는 자가 그 방패를 들고 갔다가 경호실로 도로 가져갔더라

12 르호보암이 스스로 겸비하였고 유다에 선한 일도 있으므로 여호와께서 노를 돌이키사 다 멸하지 아니하셨더라

13 르호보암 왕은 예루살렘에서 스스로 세력을 굳게 하여 다스리니라 르호보암이 왕위에 오를 때에 나이가 사십일 세라 예루살렘 곧 여호와께서 이스라엘의 모든 지파 중에서 택하여 그의 이름을 두신 성에서 십칠 년 동안 다스리니라 르호보암의 어머니의 이름은 나아마요 암몬 여인이더라

14 르호보암이 악을 행하였으니 이는 그가 여호와를 구하는 마음을 굳게 하지 아니함이었더라

15 르호보암의 처음부터 끝까지의 행적은 선지자 스마야와 선견자 잇도의 족보책에 기록되지 아니하였느냐 르호보암과 여로보암 사이에 항상 전쟁이 있으니라

16 르호보암이 그의 조상들과 함께 누우매 다윗 성에 장사되고 그의 아들 아비야가 그를 대신하여 왕이 되니라

2014년 미국 오렌지카운티 마라톤 대회 우승자 모하머드 파딜은 2시간 21분 45초로 우승했지만 마라톤 경기 중 음료수를 제공받았다는 것이 밝혀져 실격 처리되었습니다. 작은 틈이라고 무시하고 넘어가면 그 틈을 통해 큰 문제가 일어날 수 있습니다. 다윗과 솔로몬을 이어 왕이 된 르호보암은 하나님을 향한 마음을 온전히 지키지 못했고 결국 나라를 갈라지게 합니다.

말씀을 버리면 다 버리는 것이다

르호보암의 임기 중에 정치적인 문제 때문에 이스라엘은 남유다와 북이스라엘로 분열되었습니다. 하나님의 말씀을 떠났기 때문입니다. 이스라엘이 하나님이 임재하시는 성전을 둔 성읍에서 우상을 섬기며 음란한 일을 행합니다(왕상 14:22-24). 르호보암은 하나님의 뜻대로 살지 않았습니다. 다윗의 길로 가지 않았습니다. 그리하여 나라를 혼란스럽게 하고, 백성을 바르게 인도하지 못했습니다. 우리 삶에서 말씀이 무너지면 결국 인생 전체가 무너지게 됩니다. 무슨 일이 있어도 말씀을 지키는 가정이 되어야 합니다.

여호와를 구하는 마음을 굳건하게 해야 한다

애굽 왕 시삭이 올라와 예루살렘을 치고 성전과 왕궁의 보물을 가져간 일과 르호보암이 왕위에 있는 동안 여로보암과 전쟁이 끊이지 않던 일은 우연이 아니었습니다. 그러나 르호보암은 깨닫지 못했고 잘못된 길에서 돌이키지 않았습니다. 찰흙으로 집을 만들 때 아무리 잘 만들어도 굳을 때까지 기다리지 못하고 자주 만지다 보면 망가지게 되듯이, 하나님을 향한 마음 역시 굳건하게 하는 작업을 해야 합니다. 지속적으로 순종하고 헌신하면 하나님을 향한 마음이 단단해집니다.

르호보암은 하나님을 향한 마음을 온전히 지키지 못하여 나라를 위태롭게 했습니다. 말씀을 버리면 다 버리는 것입니다. 하나님을 향한 마음이 단단하게 굳어지는 복된 가정이 되길 바랍니다.

나눔

1. 하찮은 일인 줄 알고 대충했다가 큰 어려움에 빠진 경험이 있다면 가족과 나눠 보세요.
2. 하나님을 향한 마음이 굳건하게 되려면 어떻게 해야 하는지 가족과 나눠 보세요.

기도

마음을 감찰하시고 마음의 중심을 보시는 하나님, 우리 가정의 중심이 온전히 하나님을 향하길 원합니다. 스스로 겸비하여 어떤 일이 있더라도 말씀을 떠나지 않게 하시고, 하나님을 향한 마음이 단단하게 굳어지는 가정이 되게 하소서. 모든 것 되시는 예수님의 이름으로 기도합니다. 아멘.

이번 주 우리 가족 미션

한 주의 생명 양식

1. 대하 9:1-12
2. 대하 9:13-31
3. 대하 10:1-11
4. 대하 10:12-19
5. 대하 11:1-23
6. 대하 12:1-16
7. 대하 13:1-12

22주

온전한 마음으로 개혁하라

- 역대하 14:1-15
- 찬송가 461장 십자가를 질 수 있나

역대하 14장 1-15절

1 아비야가 그의 조상들과 함께 누우매 다윗 성에 장사되고 그의 아들 아사가 대신하여 왕이 되니 그의 시대에 그의 땅이 십 년 동안 평안하니라
2 아사가 그의 하나님 여호와 보시기에 선과 정의를 행하여
3 이방 제단과 산당을 없애고 주상을 깨뜨리며 아세라 상을 찍고
4 유다 사람에게 명하여 그 조상들의 하나님 여호와를 찾게 하며 그의 율법과 명령을 행하게 하고
5 또 유다 모든 성읍에서 산당과 태양상을 없애매 나라가 그 앞에서 평안함을 누리니라
6 여호와께서 아사에게 평안을 주셨으므로 그 땅이 평안하여 여러 해 싸움이 없은지라 그가 견고한 성읍들을 유다에 건축하니라
7 아사가 일찍이 유다 사람에게 이르되 우리가 우리 하나님 여호와를 찾았으므로 이 땅이 아직 우리 앞에 있나니 우리가 이 성읍들을 건축하고 그 주위에 성곽과 망대와 문과 빗장을 만들자 우리가 주를 찾았으므로 주께서 우리 사방에 평안을 주셨느니라 하고 이에 그들이 성읍을 형통하게 건축하였더라
8 아사의 군대는 유다 중에서 큰 방패와 창을 잡는 자가 삼십만 명이요 베냐민 중에서 작은 방패를 잡으며 활을 당기는 자가 이십팔만 명이라 그들은 다 큰 용사였더라

9 구스 사람 세라가 그들을 치려 하여 군사 백만 명과 병거 삼백 대를 거느리고 마레사에 이르매
10 아사가 마주 나가서 마레사의 스바다 골짜기에 전열을 갖추고
11 아사가 그의 하나님 여호와께 부르짖어 이르되 여호와여 힘이 강한 자와 약한 자 사이에는 주밖에 도와 줄 이가 없사오니 우리 하나님 여호와여 우리를 도우소서 우리가 주를 의지하오며 주의 이름을 의탁하옵고 이 많은 무리를 치러 왔나이다 여호와여 주는 우리 하나님이시오니 원하건대 사람이 주를 이기지 못하게 하옵소서 하였더니
12 여호와께서 구스 사람들을 아사와 유다 사람들 앞에서 치시니 구스 사람들이 도망하는지라
13 아사와 그와 함께 한 백성이 구스 사람들을 추격하여 그랄까지 이르매 이에 구스 사람들이 엎드러지고 살아 남은 자가 없었으니 이는 여호와 앞에서와 그의 군대 앞에서 패망하였음이라 노략한 물건이 매우 많았더라
14 여호와께서 그랄 사면 모든 성읍 백성을 두렵게 하시니 무리가 그의 모든 성읍을 치고 그 가운데에 있는 많은 물건을 노략하고
15 또 짐승 지키는 천막을 치고 양과 낙타를 많이 이끌고 예루살렘으로 돌아왔더라

    싱가포르는 1960년 말레이시아 연방에서 퇴출당하고 국가 존망의 위기를 겪었습니다. 이때 전 총리 리콴유(Lee Kuan Yew)는 뼈를 깎는 개혁을 단행합니다. 그는 부패행위조사국(Corrupt Practices Investigation Bureau)을 신설했고, 이를 통해서 싱가포르 국내뿐 아니라 해외에서 뇌물을 수수했거나 비슷한 부정을 저질러도 처벌을 받는 법안을 통과시켰습니다. 그 결과 싱가포르는 국가 청렴도 조사에서 꾸준히 10위 안에 드는 청렴한 나라로 거듭날 수 있었습니다. 아사왕이 잘못된 길에서 벗어나 바른길로 가기 위해서 단행한 개혁의 특징은 무엇입니까?

🌱 우상을 깨뜨리라

유다 백성은 우상 숭배를 하려고 제단을 쌓고, 아세라 상을 만들어 제사를 드리며 하나님이 보시기에 가증한 삶을 살았습니다. 아사는 왕위에 오른 후 이방 제단과 산당을 없애기 시작했습니다. 주상을 깨뜨리고, 아세라 상을 찍어버렸습니다. 백성들이 하나님을 찾게 하고 율법과 명령을 행하게 합니다(4절). 또 아사는 그의 어머니 마아가가 아세라 상을 만들었다는 이유로 태후의 자리에서 물러나게 했습니다(왕상 15:13). 진정한 개혁에는 잘못된 길에서 멈춤과 바른길로 향하는 출발이 같이 있어야 합니다.

🌱 하나님께 부르짖으라

구스 사람 세라가 100만 대군과 병거 300대를 이끌고 유다를 쳐들어왔습니다(9절). 세라의 군대에 맞서는 아사왕의 군대에는 58만 명의 정예군이 전부였습니다. 유다의 군대는 수가 두 배 가까이 더 많은 세라의 군대와 맞서 싸우기에는 무리였습니다. 이때 아사왕은 부르짖어 하나님께 도움을 구합니다. 위기의 순간에 누구를 의지하는가를 보면 그 사람이 누구를 믿는지를 알 수 있습니다. 아사왕이 약한 자와 강한 자 사이에서 하나님을 찾고 하나님께 기도했듯이, 모든 문제 사이에서 하나님을 찾고 간절히 부르짖는 믿음의 사람이 되어야 합니다.

온전한 개혁을 위해서는 살아 계신 하나님을 생생하게 만나야 합니다. 아사왕의 개혁은 우상을 깨뜨리는 것으로 시작해서, 하나님께 부르짖는 것으로 연결되었습니다. 머뭇거리지 말고 하나님 편에 서서 온전히 하나님만 따르는 가정이 되길 바랍니다.

🌱 나눔

1. 나의 삶 가운데 있던 가장 큰 변화를 가족과 나눠 보세요.
2. 하나님을 온전히 따르기 위한 나의 결단을 가족과 나눠 보세요.

🌱 기도

하나님, 하나님을 이길 수 있는 존재가 없음을 믿습니다. 그러므로 온전히 하나님만을 사랑하게 하시고, 은밀하게 숨겨 둔 우상이 있다면 깨뜨려 주소서. 하나님께 기도하여 승리를 경험하는 가정이 되게 하소서. 왕이신 예수님의 이름으로 기도합니다. 아멘.

🌱 이번 주 우리 가족 미션

🌱 한 주의 생명 양식

1. ♥ 대하 13:13-22
2. ♥ 대하 14:1-15
3. ♥ 대하 15:1-19
4. ♥ 대하 16:1-14
5. ♥ 대하 17:1-9
6. ♥ 대하 17:10-19
7. ♥ 대하 18:1-11

23주

구원의 하나님을 바라보라

- 역대하 20:1-19
- 찬송가 393장 오 신실하신 주

역대하 20장 1-19절

1 그 후에 모압 자손과 암몬 자손들이 마온 사람들과 함께 와서 여호사밧을 치고자 한지라

2 어떤 사람이 와서 여호사밧에게 전하여 이르되 큰 무리가 바다 저쪽 아람에서 왕을 치러 오는데 이제 하사손다말 곧 엔게디에 있나이다 하니

3 여호사밧이 두려워하여 여호와께로 낯을 향하여 간구하고 온 유다 백성에게 금식하라 공포하매

4 유다 사람이 여호와께 도우심을 구하려 하여 유다 모든 성읍에서 모여와서 여호와께 간구하더라

5 여호사밧이 여호와의 전 새 뜰 앞에서 유다와 예루살렘의 회중 가운데 서서

6 이르되 우리 조상들의 하나님 여호와여 주는 하늘에서 하나님이 아니시니이까 이방 사람들의 모든 나라를 다스리지 아니하시나이까 주의 손에 권세와 능력이 있사오니 능히 주와 맞설 사람이 없나이다

7 우리 하나님이시여 전에 이 땅 주민을 주의 백성 이스라엘 앞에서 쫓아내시고 그 땅을 주께서 사랑하시는 아브라함의 자손에게 영원히 주지 아니하셨나이까

8 그들이 이 땅에 살면서 주의 이름을 위하여 한 성소를 주를 위해 건축하고 이르기를

9 만일 재앙이나 난리나 견책이나 전염병이나 기근이 우리에게 임하면 주의 이름이 이 성전에 있으니 우리가 이 성전 앞과 주 앞에 서서 이 환난 가운데에서 주께 부르짖은즉 들으시고 구원하시리라 하였나이다
10 옛적에 이스라엘이 애굽 땅에서 나올 때에 암몬 자손과 모압 자손과 세일 산 사람들을 침노하기를 주께서 용납하지 아니하시므로 이에 돌이켜 그들을 떠나고 멸하지 아니하였거늘
11 이제 그들이 우리에게 갚는 것을 보옵소서 그들이 와서 주께서 우리에게 주신 주의 기업에서 우리를 쫓아내고자 하나이다
12 우리 하나님이여 그들을 징벌하지 아니하시나이까 우리를 치러 오는 이 큰 무리를 우리가 대적할 능력이 없고 어떻게 할 줄도 알지 못하옵고 오직 주만 바라보나이다 하고
13 유다 모든 사람들이 그들의 아내와 자녀와 어린이와 더불어 여호와 앞에 섰더라
14 여호와의 영이 회중 가운데에서 레위 사람 야하시엘에게 임하셨으니 그는 아삽 자손 맛다냐의 현손이요 여이엘의 증손이요 브나야의 손자요 스가랴의 아들이더라
15 야하시엘이 이르되 온 유다와 예루살렘 주민과 여호사밧 왕이여 들을지어다 여호와께서 이같이 너희에게 말씀하시기를 너희는 이 큰 무리로 말미암아 두려워하거나 놀라지 말라 이 전쟁은 너희에게 속한 것이 아니요 하나님께 속한 것이니라
16 내일 너희는 그들에게로 내려가라 그들이 시스 고개로 올라올 때에 너희가 골짜기 어귀 여루엘 들 앞에서 그들을 만나려니와
17 이 전쟁에는 너희가 싸울 것이 없나니 대열을 이루고 서서 너희와 함께 한 여호와가 구원하는 것을 보라 유다와 예루살렘아 너희는 두려워하지 말며 놀라지 말고 내일 그들을 맞서 나가라 여호와가 너희와 함께 하리라 하셨느니라 하매
18 여호사밧이 몸을 굽혀 얼굴을 땅에 대니 온 유다와 예루살렘 주민들도 여호와 앞에 엎드려 여호와께 경배하고
19 그핫 자손과 고라 자손에게 속한 레위 사람들은 서서 심히 큰 소리로 이스라엘 하나님 여호와를 찬송하니라

고통은 도적처럼 기약 없이 찾아와 우리의 내면과 영혼의 귀한 보물을 훔쳐 갑니다. 오늘 말씀은 '그 후에'라는 표현으로 시작하고 있습니다(1

절). 그전에 여호사밧은 대대적으로 개혁을 단행했습니다. 그는 온 나라를 돌아다니며 백성들이 하나님께로 돌아오게 하려고 개혁을 단행했습니다. 여호사밧과 백성들은 개혁 이후에 하나님의 은혜를 기대했을 것입니다. 그런데 '그 후에' 모압과 암몬 연합군이 여호사밧을 치려고 엔게디에 몰려들었습니다. 이들의 군대는 너무 크고 강했습니다. 절체절명의 순간입니다. 이때 여호사밧은 어떻게 합니까?

하나님께로 낯을 향하라

여호사밧은 절체절명의 위기 앞에서 문제를 바라보지 않고 하나님만 바라봅니다. "여호사밧이 두려워하여 여호와께로 낯을 향하여 간구하고 온 유다 백성에게 금식하라 공포하매"(3절). 여호사밧은 두려워했습니다. 이는 자연스러운 감정적 반응입니다. 하지만 성도는 감정을 따라 살지 않고 믿음을 따라 삽니다. 여호사밧은 금식을 선포해서 온 백성이 하나님만 바라보도록 합니다. 모든 시선을 하나님께로만 향하게 한 것입니다.

신앙은 결국 무엇을 집중해서 바라보는가의 문제입니다. 세상은 우리의 시선을 가려 하나님을 바라보지 못하게 합니다. 하나님을 보지 못하면 두려움은 절망을 낳게 됩니다. 하지만 하나님을 바라본다면 두려운 순간에 더욱 강건한 신앙의 단계를 경험하게 됩니다.

여호사밧은 하나님을 바라보며 하나님이 행하신 일들을 고백합니다. 하나님은 아브라함의 자손에게 그 땅을 주신 하나님이시고(7절), 솔로몬의 기도에 응답하신 하나님이십니다(8, 9절). 그리고 이스라엘 백성들이 애굽 땅에서 나올 때 암몬 자손과 모압 자손에게서 그들을 지키신 하나님이십니다(10절). 크신 하나님을 묵상하면 지금의 문제가 작아 보입니다. 하나님은 어제나 오늘이나 변함없이 강한 분이시기 때문입니다. 두려운 순간에 하나님으로 인해 힘을 얻는 복된 가정이 되길 바랍니다.

🌱 하나님을 찬양해야 한다

여호사밧과 백성들이 간구할 때 여호와의 영이 야하시엘에게 임했습니다. 그리고 여호와의 영으로 인해 야하시엘은 백성들에게 선포합니다. 15절 말씀입니다. "야하시엘이 이르되 온 유다와 예루살렘 주민과 여호사밧 왕이여 들을지어다 여호와께서 이같이 너희에게 말씀하시기를 너희는 이 큰 무리로 말미암아 두려워하거나 놀라지 말라 이 전쟁은 너희에게 속한 것이 아니요 하나님께 속한 것이니라." 하나님이 야하시엘을 통해 분명히 말씀하셨습니다. "두려워하거나 놀라지 말라 이 전쟁은 하나님께 속한 것이니라!" 그리고 하나님은 그들에게 "너희가 싸울 것이 없다"라고 말씀하십니다. 왜냐하면 여호와께 속한 전쟁이기 때문입니다.

이스라엘은 전쟁 중에 있었으나 전쟁할 것이 없습니다. 이스라엘이 전쟁 중에 할 일은 이스라엘을 위해서 싸우시는 하나님을 찬양하는 것뿐입니다. 여호사밧의 두려움은 여호와를 향한 찬양으로 바뀌게 되었습니다. 하나님은 전쟁 중에도 찬양할 마음을 주시는 분입니다. 하나님 앞에서 살아가는 우리가 할 일은 하나님을 찬양하는 것밖에 없습니다. 하나님이 주시는 승리를 믿으며 위기의 순간에도 하나님을 찬양하는 복된 가정이 되길 바랍니다.

고난은 사람을 차별하지 않습니다. 모든 사람에게 고난이 찾아옵니다. 하지만 구원하시는 하나님의 능력과 은혜를 확신하는 사람은 고난 중에도 흔들리지 않습니다. 고난 중에 얼굴을 하나님께로 돌려 하나님과의 더욱 깊은 친밀감을 구합니다. 고난 중에 절망하는 것이 아니라 찬양합니다. 그러므로 하나님의 구원을 확신하는 사람은 고난 중에 믿음이 더욱 강건해집니다. 구원의 하나님 안에서 날마다 평안한 복된 가정이 되길 바랍니다.

나눔

1. 간절한 마음의 소원이 있어서 금식해 본 경험이 있나요? 그런 경험이 있다면 가족과 나눠 보고, 없다면 가족과 함께 금식 계획을 세워 보세요.
2. 내가 가장 좋아하는 찬양은 무엇인가요? 그 찬양과 관련된 추억이 있다면 가족과 나눠 보세요.

기도

우리 가정을 위해서 싸우시는 하나님, 감사합니다. 우리 가정이 환경의 변화에 따라 흔들리는 감정대로 살지 않고, 믿음을 따라 살게 하소서. 두려움의 순간에 하나님을 향한 기도와 찬양의 소리가 더욱 커지는 가정이 되게 하소서. 우리 가정이 의지할 유일한 분, 예수님의 이름으로 기도합니다. 아멘.

이번 주 우리 가족 미션

한 주의 생명 양식

1. 대하 18:12-27
2. 대하 18:28-19:3
3. 대하 19:4-11
4. 대하 20:1-19
5. 대하 20:20-37
6. 대하 21:1-20
7. 대하 22:1-12

24주

구원의 하나님을 의지하라

- 역대하 25:1-16
- 찬송가 270장 변찮는 주님의 사랑과

역대하 25장 1-16절

1 아마샤가 왕위에 오를 때에 나이가 이십오 세라 예루살렘에서 이십구 년 동안 다스리니라 그의 어머니의 이름은 여호앗단이요 예루살렘 사람이더라
2 아마샤가 여호와께서 보시기에 정직하게 행하기는 하였으나 온전한 마음으로 행하지 아니하였더라
3 그의 나라가 굳게 서매 그의 부왕을 죽인 신하들을 죽였으나
4 그들의 자녀들은 죽이지 아니하였으니 이는 모세의 율법책에 기록된 대로 함이라 곧 여호와께서 명령하여 이르시기를 자녀로 말미암아 아버지를 죽이지 말 것이요 아버지로 말미암아 자녀를 죽이지 말 것이라 오직 각 사람은 자기의 죄로 말미암아 죽을 것이니라 하셨더라
5 아마샤가 유다 사람들을 모으고 그 여러 족속을 따라 천부장들과 백부장들을 세우되 유다와 베냐민을 함께 그리하고 이십 세 이상으로 계수하여 창과 방패를 잡고 능히 전장에 나갈 만한 자 삼십만 명을 얻고
6 또 은 백 달란트로 이스라엘 나라에서 큰 용사 십만 명을 고용하였더니
7 어떤 하나님의 사람이 아마샤에게 나아와서 이르되 왕이여 이스라엘 군대를 왕과 함께 가게 하지 마옵소서 여호와께서는 이스라엘 곧 온 에브라임 자손과 함께 하지 아니

하시나니

8 왕이 만일 가시거든 힘써 싸우소서 하나님이 왕을 적군 앞에 엎드러지게 하시리이다 하나님은 능히 돕기도 하시고 능히 패하게도 하시나이다 하니

9 아마샤가 하나님의 사람에게 이르되 내가 백 달란트를 이스라엘 군대에게 주었으니 어찌할까 하나님의 사람이 말하되 여호와께서 능히 이보다 많은 것을 왕에게 주실 수 있나이다 하니라

10 아마샤가 이에 에브라임에서 자기에게 온 군대를 나누어 그들의 고향으로 돌아가게 하였더니 그 무리가 유다 사람에게 심히 노하여 분연히 고향으로 돌아갔더라

11 아마샤가 담력을 내어 그의 백성을 거느리고 소금 골짜기에 이르러 세일 자손 만 명을 죽이고

12 유다 자손이 또 만 명을 사로잡아 가지고 바위 꼭대기에 올라가서 거기서 밀쳐 내려뜨려서 그들의 온 몸이 부서지게 하였더라

13 아마샤가 자기와 함께 전장에 나가지 못하게 하고 돌려보낸 군사들이 사마리아에서부터 벧호론까지 유다 성읍들을 약탈하고 사람 삼천 명을 죽이고 물건을 많이 노략하였더라

14 아마샤가 에돔 사람들을 죽이고 돌아올 때에 세일 자손의 신들을 가져와서 자기의 신으로 세우고 그것들 앞에 경배하며 분향한지라

15 그러므로 여호와께서 아마샤에게 진노하사 한 선지자를 그에게 보내시니 그가 이르되 저 백성의 신들이 그들의 백성을 왕의 손에서 능히 구원하지 못하였거늘 왕은 어찌하여 그 신들에게 구하나이까 하며

16 선지자가 아직 그에게 말할 때에 왕이 그에게 이르되 우리가 너를 왕의 모사로 삼았느냐 그치라 어찌하여 맞으려 하느냐 하니 선지자가 그치며 이르되 왕이 이 일을 행하고 나의 경고를 듣지 아니하니 하나님이 왕을 멸하시기로 작정하신 줄 아노라 하였더라

삶은 선택의 연속이며, 한 사람의 현재 모습은 그가 지금까지 한 선택의 결과입니다. 그러므로 모든 선택은 신중하게 해야 합니다. 에릭 리들(Eric Liddell)은 육상 선수로서 1924년 파리 올림픽의 100m 경기에서 강력한 금메달 후보였습니다. 그런데 예선 경기가 주일에 있었고, 그는 '주일에는

뛰지 않는다'는 평소의 믿음을 따라 100m 경기 출전을 포기합니다. 그리고 200m와 400m 경기에 출전하게 됩니다. 200m에서는 동메달을 땄으나 사람들은 그가 400m에서는 아무 메달도 따지 못할 것으로 생각했습니다. 이때 그의 담당 안마사는 그에게 쪽지 하나를 전해 주었고 그걸 읽은 리들은 엄청난 속도로 400m 세계 신기록을 세우며 금메달을 따게 됩니다. 그 쪽지에는 "나를 존중히 여기는 자를 내가 존중히 여기고"(삼상 2:30)라는 말씀이 쓰여 있었고, 리들은 그 말씀을 믿고 달린 것입니다. 경기 후 그는 이렇게 인터뷰했다고 합니다. "처음 200m는 제 힘으로 최선을 다했고, 나머지 200m는 주님의 도우심으로 빨리 달릴 수 있었습니다." 하나님을 선택할 때 하나님이 달릴 힘을 공급해 주십니다. 하나님을 선택해서 하나님이 주시는 힘으로 승리하는 가정이 되길 바랍니다. 아마샤의 선택은 선택의 소중함을 일깨워 줍니다.

고민하지 말고 구원의 하나님의 방법을 따르라

아마샤는 하나님을 믿기는 했지만, 온전히 믿지는 않았습니다. "아마샤가 여호와께서 보시기에 정직하게 행하기는 하였으나 온전한 마음으로 행하지 아니하였더라"(2절). 아마샤의 모습은 하나님과 세상 사이에서 저울질하는 사람의 전형적인 모습입니다. 그리고 우리는 그의 모습에서 우리의 모습을 발견하곤 합니다. 아마샤가 에돔과의 전쟁을 준비하기 위해 유다 사람 30만 명을 모으고 북이스라엘에서 강한 군사 10만 명을 용병으로 구해 옵니다. 이때 그는 값으로 은 백 달란트를 지불합니다. 아마샤가 이렇게 군사들을 모으고 용병까지 사 온 것은 그가 에돔을 자신의 힘으로 감당할 수 없다고 판단했기 때문입니다. 이때 하나님의 사람이 아마샤에게 찾아와 북이스라엘 군대와 함께 전쟁에 나가지 말라고 합니다. 왜냐하면 북이스라엘은 우상 숭배에 빠졌기 때문입니다(왕하 13:11). 하나님의 사람은 그들이 아무리 강한 용사라고 해도 하나님이 함께하지 않으시면 전쟁을 해도 아무런 의미가 없음을 강조했습니다. 아마샤는 은 백 달란트를 지불했기에 고민합니다. 그러나 하나님의 사람은 단호하게 이렇게 말합니다. "하나님의 사람이 말하되 여호와께서 능히 이보다 많은 것을 왕에게 주실 수 있나이다 하니라"(9절). 아마샤는 고민했지만 결국 하나님을 신뢰하는 쪽을 선택했고 에돔 족속과의 전쟁에서 대승을 거두게 됩니다. 비록 그의 마음이 온전하지는 않았지만, 하나님을 신뢰했을 때 하나님이 주시는 승리를 경험하게 된 것입니다. 그는 연약했지만, 하나님을 신뢰할 때 승리할 수 있었습니다.

끝까지 구원의 하나님만 믿으라

아마샤는 한 번 이긴 승리를 관리하지 못했습니다. 그는 에돔을 물리치고 돌아오는 길에 세일 자손의 신들, 즉 그들의 토착 우상들을 가져와서 분향합니다. 그때 당시의 문화로 보자면, 아마도 아마샤는 전쟁의 패배로 불쾌했을 세일 신들의 분노를 달래려는 목적으로 그것들을 가져와서 분향했을 것입니다. 아마샤는 혹시나 하는 불안감을 떨치기 위해 이렇게 행동했을 것입니다. 구원의 하나님 한 분만을 온전히 의지하지 못한 것입니다. 하나님을 신뢰함으로 하나님이 주시는 승리를 경험한 아마샤였지만 그는 하나님을 신뢰하지 못해 무너지게 됩니다. 선지자는 아마샤를 책망합니다. 그리고 하나님은 그런 아마샤를 멸하기로 작정하십니다. 하나님을 끝까지 신뢰하지 않은 왕의 최후는 비참했습니다. 하나님만이 구원을 주십니다. 우리가 의지할 대상은 하나님밖에 없습니다. 끝까지 하나님만을 의지해야 합니다.

아마샤의 모습은 안타깝고 측은합니다. 아마샤는 하나님을 믿지만 세상이 두렵고, 하나님과 세상 사이에서 저울질하며 흔들리는 보통 사람들의 모습을 대표합니다. 하지만 우리는 명심해야 합니다. 하나님만이 우리에게 구원을 주십니다. 하나님의 방법이 우리의 유일한 방법이어야 합니다. 어떤 상황에서도 하나님을 선택해서 하나님이 주시는 승리를 경험하길 바랍니다. 또한 매 순간 반복되는 선택의 순간에 흔들리지 않고 끝까지 하나님만 신뢰하는 복된 가정이 되길 바랍니다.

🌱 나눔

1. 하나님의 방법과 세상의 방법 사이에서 고민한 경험이 있다면, 그 내용과 결과를 가족과 나눠 보세요.
2. 역시 내가 의지할 대상은 하나님밖에 없다는 확신이 든 순간이 있었다면 가족과 나눠 보세요.

🌱 기도

하나님, 하늘과 땅 사이에 우리 가정을 도우실 분은 하나님밖에 없습니다. 모든 결정의 순간마다 오직 하나님을 선택하는 가정이 되길 원합니다. 아마샤처럼 하나님을 믿는다고 하면서 상황에 따라 변하지 않게 하시고, 변함이 없는 믿음의 가정이 되게 해 주소서. 구원자이신 예수님의 이름으로 기도합니다. 아멘.

🌱 이번 주 우리 가족 미션

🌱 한 주의 생명 양식

1. 💗 대하 23:1-15
2. 💗 대하 23:16-21
3. 💗 대하 24:1-16
4. 💗 대하 24:17-27
5. 💗 대하 25:1-16
6. 💗 대하 25:17-28
7. 💗 대하 26:1-23

25주

구원의 하나님께 돌이키라

- 역대하 29:1-19
- 찬송가 338장 내 주를 가까이 하게 함은

역대하 29장 1-19절

1 히스기야가 왕위에 오를 때에 나이가 이십오 세라 예루살렘에서 이십구 년 동안 다스리니라 그의 어머니의 이름은 아비야요 스가랴의 딸이더라
2 히스기야가 그의 조상 다윗의 모든 행실과 같이 여호와 보시기에 정직하게 행하여
3 첫째 해 첫째 달에 여호와의 전 문들을 열고 수리하고
4 제사장들과 레위 사람들을 동쪽 광장에 모으고
5 그들에게 이르되 레위 사람들아 내 말을 들으라 이제 너희는 성결하게 하고 또 너희 조상들의 하나님 여호와의 전을 성결하게 하여 그 더러운 것을 성소에서 없애라
6 우리 조상들이 범죄하여 우리 하나님 여호와 보시기에 악을 행하여 하나님을 버리고 얼굴을 돌려 여호와의 성소를 등지고
7 또 낭실 문을 닫으며 등불을 끄고 성소에서 분향하지 아니하며 이스라엘의 하나님께 번제를 드리지 아니하므로
8 여호와께서 유다와 예루살렘에 진노하시고 내버리사 두려움과 놀람과 비웃음거리가 되게 하신 것을 너희가 똑똑히 보는 바라
9 이로 말미암아 우리의 조상들이 칼에 엎드러지며 우리의 자녀와 아내들이 사로잡혔느니라

10 이제 이스라엘의 하나님 여호와와 더불어 언약을 세워 그 맹렬한 노를 우리에게서 떠나게 할 마음이 내게 있노니
11 내 아들들아 이제는 게으르지 말라 여호와께서 이미 너희를 택하사 그 앞에 서서 수종들어 그를 섬기며 분향하게 하셨느니라
12 이에 레위 사람들이 일어나니 곧 그핫의 자손 중 아마새의 아들 마핫과 아사랴의 아들 요엘과 므라리의 자손 중 압디의 아들 기스와 여할렐렐의 아들 아사랴와 게르손 사람 중 심마의 아들 요아와 요아의 아들 에덴과
13 엘리사반의 자손 중 시므리와 여우엘과 아삽의 자손 중 스가랴와 맛다냐와
14 헤만의 자손 중 여후엘과 시므이와 여두둔의 자손 중 스마야와 웃시엘이라
15 그들이 그들의 형제들을 모아 성결하게 하고 들어가서 왕이 여호와의 말씀대로 명령한 것을 따라 여호와의 전을 깨끗하게 할새
16 제사장들도 여호와의 전 안에 들어가서 깨끗하게 하여 여호와의 전에 있는 모든 더러운 것을 끌어내어 여호와의 전 뜰에 이르매 레위 사람들이 받아 바깥 기드론 시내로 가져갔더라
17 첫째 달 초하루에 성결하게 하기를 시작하여 그 달 초팔일에 여호와의 낭실에 이르고 또 팔 일 동안 여호와의 전을 성결하게 하여 첫째 달 십육 일에 이르러 마치고
18 안으로 들어가서 히스기야 왕을 보고 이르되 우리가 여호와의 온 전과 번제단과 그 모든 그릇들과 떡을 진설하는 상과 그 모든 그릇들을 깨끗하게 하였고
19 또 아하스 왕이 왕위에 있어 범죄할 때에 버린 모든 그릇들도 우리가 정돈하고 성결하게 하여 여호와의 제단 앞에 두었나이다 하니라

하나님과의 관계 속에서 자신의 삶을 세워간 사람 중에 로렌스 형제(Brother Lawrence)가 있었습니다. 『하나님의 임재 연습』은 수도원에서 허드렛일을 하던 그가 가까운 친구였던 수도원장과 나눈 대화들, 누군가에게 쓴 편지들과 권면을 담은 책으로, 오늘날 많은 이의 사랑을 받는 기독교 고전이 되었습니다. 그는 하나님을 사랑하기에 수도사로 평생을 살고자 했지만, 서민의 신분이었고 장애가 있었기에 처음부터 수도사가 될 수

는 없었습니다. 그래서 그는 수도원 주방에서 요리사로 일하면서 무슨 일을 하든지 하나님을 생각하며 했습니다. 예를 들어 소금을 뿌릴 때는 "주님, 저를 이 소금 같은 사람으로 만드셔서 주님을 영화롭게 하옵소서"라고 기도했고, 청소할 때는 "주님, 제 마음을 이렇게 청결하게 하여 주셔서 주님께 영광을 돌리게 하여 주옵소서"라고 기도했습니다. 그는 인생을 하나님 중심으로 세워 갔습니다. 사람들은 로렌스 형제를 보며 예수님의 모습을 보았습니다. 결국 그는 수도사가 되었고 수도원의 원장 자리까지 오르게 됩니다. 하나님에 대한 지식보다 중요한 것은 하나님과의 동행입니다. 히스기야는 25세에 왕이 되어서 한 나라의 절대 권력자의 자리에 올랐습니다. 왕이 된 히스기야가 한 일은 이스라엘 백성을 하나님께로 돌이키게 한 것입니다.

하나님 보시기에 정직히 행하라

히스기야가 다스린 시기는 평탄하지 않았습니다. 그가 통치하던 시기에 앗수르의 강력한 공격을 받았고, 북이스라엘의 무너짐을 경험했습니다. 그러나 성경은 그를 이렇게 평가합니다. "히스기야가 그의 조상 다윗의 모든 행실과 같이 여호와 보시기에 정직하게 행하여"(2절). 매우 놀라운 평가입니다. 역대기에서 이런 평가를 받은 사람은 히스기야가 처음이었습니다. 그만큼 그의 모습이 하나님 앞에서 기쁨이 되었다는 것입니다. 정직하다는 말은 올바르다는 뜻입니다. 하나님 앞에서 그릇된 길로 가지 않고 올바른 길로 간 왕이 바로 히스기야였습니다.

그의 모습은 과거 이스라엘 백성들이 하나님의 말씀이 아니라 '자기 소견에 옳은 대로 행하던'(삿 17:6, 21:25) 모습과 정반대였습니다. 히스기야는 자기 소견에 옳은 대로 행한 것이 아니라 하나님이 보시기에 옳게 행동했습니다. 하나님께로 돌이키는 것은 하나님에 대한 지식을 쌓는다고 되는 것이 아닙니다. 하나님 앞에서 정직하게 살아가야 합니다. 행함이 없는 지식은 죽은 것입니다. 히스기야는 한 나라의 왕이었으나 만왕의 왕이신 하나님 앞에서 정직하게 살았습니다.

무너진 성전을 수리하라

히스기야는 왕이 된 첫째 해 첫째 달에 하나님의 성전을 수리하기 시작합니다. 성전을 수리하는 것은 성전을 중심으로 나라를 세워야 한다는 그의 마음을 보여 주는 것입니다. 그의 아버지인 아하스의 모습과 반대되기도 합니다. 아하스는 여호와의 전 문들을 닫았을 뿐만 아니라 산당을 세워 다른 신에게 분향까지 했습니다(대하 28:24, 25). 그는 하나님을 멀리 떠나 이방 우상에게 깊이 빠졌습니다. 하지만 히스기야는 아버지 아하스의 모습을 답습하지 않았습니다. 히스기야는 제사장들과 레위 사람들을 동쪽 광장에 모읍니다. 그리고 그들을 향하여 이렇게 이야기합니다. "이제 너희는 성결하게 하고 또 너희 조상들의 하나님 여호와의 전을 성결하게 하여 그 더러운 것을 성소에서 없애라"(5절). 히스기야는 자신들이 겪는 모든 문제가 예배의 실패에서 시작되었음을 알았습니다. 문제의 원인은 다른 곳에 있는 것이 아니라 예배의 실패에 있습니다. 무너진 성전을 수리하며 악을 제거해야 합니다.

하나님께로 돌이켜야 합니다. 그러기 위해서는 먼저 우리의 삶이 하나님 앞에서 정직해야 합니다. 하나님에 대한 지식은 많고, 예배는 잘 드리는데 하나님 앞에서 살아가는 모습이 부정하다면, 그 사람은 하나님에게서 돌아선 사람입니다. 다음으로 파손된 성전을 수리해야 합니다. 예배 안에 잘못된 것이 있다면 제거해야 합니다. 날마다 거룩하게 살려고 몸부림치며, 하나님의 임재 안에서 살도록 애써야 합니다. 하나님께 돌이키는 복된 가정이 되길 바랍니다.

나눔

1. 하나님이 보시기에 옳게 행동한 것이 있다면 가족과 나눠 보세요.
2. 나의 예배를 돌아보며 수리해야 할 부분이 있다면 가족과 나눠 보세요.

기도

하나님, 우리 가정이 하나님을 등지지 않게 하시고, 날마다 하나님께로 더 가까이 다가서는 가정이 되게 하소서. 내 소견대로 살지 않고 하나님이 원하시는 대로 살아가게 하소서. 잘못된 예배의 모습, 은밀히 숨겨 둔 더러운 것이 있다면 제거하여 주소서. 사랑하는 예수님의 이름으로 기도합니다. 아멘.

이번 주 우리 가족 미션

한 주의 생명 양식

1. ♥ 대하 27:1-9
2. ♥ 대하 28:1-15
3. ♥ 대하 28:16-27
4. ♥ 대하 29:1-19
5. ♥ 대하 29:20-36
6. ♥ 대하 30:1-12
7. ♥ 대하 30:13-27

26주

구원의 하나님께 온전한 예배를 드리라

- 역대하 31:1-21
- 찬송가 411장 아 내 맘속에

역대하 31장 1-21절

1 이 모든 일이 끝나매 거기에 있는 이스라엘 무리가 나가서 유다 여러 성읍에 이르러 주상들을 깨뜨리며 아세라 목상들을 찍으며 유다와 베냐민과 에브라임과 므낫세 온 땅에서 산당들과 제단들을 제거하여 없애고 이스라엘 모든 자손이 각각 자기들의 본성 기업으로 돌아갔더라

2 히스기야가 제사장들과 레위 사람들의 반열을 정하고 그들의 반열에 따라 각각 그들의 직임을 행하게 하되 곧 제사장들과 레위 사람들에게 번제와 화목제를 드리며 여호와의 휘장 문에서 섬기며 감사하며 찬송하게 하고

3 또 왕의 재산 중에서 얼마를 정하여 여호와의 율법에 기록된 대로 번제 곧 아침과 저녁의 번제와 안식일과 초하루와 절기의 번제에 쓰게 하고

4 또 예루살렘에 사는 백성을 명령하여 제사장들과 레위 사람들 몫의 음식을 주어 그들에게 여호와의 율법을 힘쓰게 하라 하니라

5 왕의 명령이 내리자 곧 이스라엘 자손이 곡식과 포도주와 기름과 꿀과 밭의 모든 소산의 첫 열매들을 풍성히 드렸고 또 모든 것의 십일조를 많이 가져왔으며

6 유다 여러 성읍에 사는 이스라엘과 유다 자손들도 소와 양의 십일조를 가져왔고 또 그들의 하나님 여호와께 구별하여 드릴 성물의 십일조를 가져왔으며 그것을 쌓아 여러

더미를 이루었는데

7 셋째 달에 그 더미들을 쌓기 시작하여 일곱째 달에 마친지라

8 히스기야와 방백들이 와서 쌓인 더미들을 보고 여호와를 송축하고 그의 백성 이스라엘을 위하여 축복하니라

9 히스기야가 그 더미들에 대하여 제사장들과 레위 사람들에게 물으니

10 사독의 족속 대제사장 아사랴가 그에게 대답하여 이르되 백성이 예물을 여호와의 전에 드리기 시작함으로부터 우리가 만족하게 먹었으나 남은 것이 많으니 이는 여호와께서 그의 백성에게 복을 주셨음이라 그 남은 것이 이렇게 많이 쌓였나이다

11 그 때에 히스기야가 명령하여 여호와의 전 안에 방들을 준비하라 하므로 그렇게 준비하고

12 성심으로 그 예물과 십일조와 구별한 물건들을 갖다 두고 레위 사람 고나냐가 그 일의 책임자가 되고 그의 아우 시므이는 부책임자가 되며

13 여히엘과 아사시야와 나핫과 아사헬과 여리못과 요사밧과 엘리엘과 이스마야와 마핫과 브나야는 고나냐와 그의 아우 시므이의 수하에서 보살피는 자가 되니 이는 히스기야 왕과 하나님의 전을 관리하는 아사랴가 명령한 바이며

14 동문지기 레위 사람 임나의 아들 고레는 즐거이 하나님께 드리는 예물을 맡아 여호와께 드리는 것과 모든 지성물을 나눠 주며

15 그의 수하의 에덴과 미냐민과 예수아와 스마야와 아마랴와 스가냐는 제사장들의 성읍들에 있어서 직임을 맡아 그의 형제들에게 반열대로 대소를 막론하고 나눠 주되

16 삼 세 이상으로 족보에 기록된 남자 외에 날마다 여호와의 전에 들어가서 그 반열대로 직무에 수종드는 자들에게 다 나눠 주며

17 또 그들의 족속대로 족보에 기록된 제사장들에게 나눠 주며 이십세 이상에서 그 반열대로 직무를 맡은 레위 사람들에게 나눠 주며

18 또 그 족보에 기록된 온 회중의 어린 아이들 아내들 자녀들에게 나눠 주었으니 이 회중은 성결하고 충실히 그 직분을 다하는 자며

19 각 성읍에서 등록된 사람이 있어 성읍 가까운 들에 사는 아론 자손 제사장들에게도 나눠 주되 제사장들의 모든 남자와 족보에 기록된 레위 사람들에게 나눠 주었더라

20 히스기야가 온 유다에 이같이 행하되 그의 하나님 여호와 보시기에 선과 정의와 진실함으로 행하였으니

21 그가 행하는 모든 일 곧 하나님의 전에 수종드는 일이나 율법이나 계명이나 그의 하

하나님을 찾고 한 마음으로 행하여 형통하였더라

성경은 히스기야의 삶에 대해서 다음과 같이 평가했습니다. "히스기야가 온 유다에 이같이 행하되 그의 하나님 여호와 보시기에 선과 정의와 진실함으로 행하였으니 그가 행하는 모든 일 곧 하나님의 전에 수종드는 일에나 율법에나 계명에나 그의 하나님을 찾고 한 마음으로 행하여 형통하였더라"(20, 21절). 사람이 받을 수 있는 최고의 평가입니다. 히스기야가 어떻게 살았기에 성경은 히스기야를 이렇게 평가하는 것일까요? 오늘 본문은 히스기야의 삶에서 중요한 부분을 말해 줍니다. 바로 온전한 예배자로 살아가기 위해서 몸부림 친 모습입니다. 예배를 향한 히스기야의 열정을 살펴보도록 하겠습니다.

예배 인도자를 세우다

히스기야는 예배의 회복을 위해서 예배를 진행하는 레위인이 온전한 제사를 드릴 수 있도록 준비시킵니다. 히스기야는 제사장들과 레위인들의 반열을 정하고 그 반열대로 직임을 행하게 합니다. 이는 그들의 역할을 분명히 하기 위함이었습니다. 그리고 그는 자신의 재산을 내놓아 여호와의 율법에 기록한 대로 번제를 드리게 합니다. 자신의 재산으로 아침과 저녁의 번제, 안식일과 초하루와 절기의 번제에 필요한 것들을 준비한 것입니다. 더 나아가 예루살렘에 사는 백성에게 명령하여 제사장들과 레위인들 몫의 음식을 마련하게 해서 그들이 다른 일을 하는 것이 아니라 여호와의 율법을 지키는 데 힘쓰게 합니다.

이스라엘 백성의 예배가 무너지기 이전에 예배를 집행하는 레위인의 삶이 먼저 무너졌습니다. 히스기야는 예배를 개혁하면서 레위인이 자신에게 주어진 사명을 다하도록 재정적, 제도적 지원을 아끼지 않았습니다. 우리는 영적 지도자를 위해서 기도해야 합니다. 영적 지도자가 자신에게 주어진 소임을 다 하도록 교회 공동체가 함께 도와야 합니다.

백성들이 예배를 위해 헌신하게 하다

히스기야는 예배에 헌신한 사람으로서 자신의 재물을 드려 예배가 진행되게 했습니다. 예배를 위한 헌신은 히스기야의 삶에 큰 기쁨이었습니다. 그리고 자신뿐만 아니라 백성들도 예배를 위해서 헌신할 수 있게 합니다. 히스기야가 명령을 내리자 백성들은 먹을 것과 십일조를 가져왔습니다. 가져온 것을 셋째 달부터 더미로 쌓았는데 일곱째 달에 마칠 정도로 그 양이 어마어마했습니다. 그들은 예배를 회복하려고 자신들의 것을 내어놓으며 아까워하지 않았습니다. 하나님의 임재를 상징하는 성전을 다시 성결하게 하고, 하나님께 다시 제사를 드린 이후에 그들에게 무엇이 중요한지를 깨달은 것입니다. 그리고 그 깨달음은 머리에서 그치지 않고 성전에서 하나님을 향한 제사를 회복하기 위한 실제적인 행동으로 이어졌습니다.

그들이 가져온 것을 보고 대제사장 아사랴는 이렇게 말합니다. "백성이 예물을 여호와의 전에 드리기 시작함으로부터 우리가 만족하게 먹었으나 남은 것이 많으니"(10절). 제사장들이 온전히 제사에만 집중할 수 있게 하기 위해 백성이 가져다준 것이 먹고도 남을 정도로 많았다는 것입니다. 그런데 그 뒤에 나오는 말에 주목할 필요가 있습니다. 그들이 이렇게 할 수 있던 것은 '여호와께서 그의 백성에게 복을 주셨기 때문'입니다(10절). 즉, 백성들이 하나님을 향해 믿음으로 바르게 반응할 때, 하나님은 그 모습을 기뻐하시며 그 백성에게 복을 주신 것입니다.

히스기야는 예배의 회복을 위해서 중요한 두 가지를 행합니다. 첫 번째는 예배를 진행하는 레위인이 자신의 직무를 다하도록 최선의 도움을 줍니다. 두 번째는 예배에 참여하는 백성이 예배를 위해서 실제로 헌신하게 합니다. 그 헌신이 결국은 손해가 아니라 또 다른 복을 위한 마중물임을 경험하게 합니다. 예배는 계속 개혁해야 합니다. 각자의 예배의 모습을 돌아보며 하나님이 원하시는 예배를 드리기 위해 노력을 아끼지 않는 가정이 되길 바랍니다.

🌿 나눔

1. 내가 속한 교회에서 온전한 예배를 드리기 위해서 내가 할 수 있는 일들을 가족과 나눠 보세요.
2. 내가 속한 공동체의 영적 지도자를 떠올리며, 그분들이 자신의 소임을 다하려면 무엇이 필요한지 생각해 보고 가족과 함께 그분들을 위해 기도하는 시간을 가져 보세요.

🌿 기도

하나님, 우리 가정이 예배하는 가정으로서 하나님 앞에서 바른 예배자로 평가받기를 원합니다. 우리 가정이 바른 예배를 위해 드리는 헌신을 아까워하지 않게 하시고, 하나님께 기쁨으로 드리게 하소서. 귀하신 예수님의 이름으로 기도합니다. 아멘.

🌿 이번 주 우리 가족 미션

🌿 한 주의 생명 양식

1. ♥ 대하 31:1-21
2. ♥ 대하 32:1-19
3. ♥ 대하 32:20-33
4. ♥ 대하 33:1-25
5. ♥ 대하 34:1-13
6. ♥ 대하 34:14-33
7. ♥ 대하 35:1-19

| 27주 |

바른 예배를 드리라

- 레위기 1:1-17
- 찬송가 40장 찬송으로 보답할 수 없는

레위기 1장 1-17절

¹ 여호와께서 회막에서 모세를 부르시고 그에게 말씀하여 이르시되
² 이스라엘 자손에게 말하여 이르라 너희 중에 누구든지 여호와께 예물을 드리려거든 가축 중에서 소나 양으로 예물을 드릴지니라
³ 그 예물이 소의 번제이면 흠 없는 수컷으로 회막 문에서 여호와 앞에 기쁘게 받으시도록 드릴지니라
⁴ 그는 번제물의 머리에 안수할지니 그를 위하여 기쁘게 받으심이 되어 그를 위하여 속죄가 될 것이라
⁵ 그는 여호와 앞에서 그 수송아지를 잡을 것이요 아론의 자손 제사장들은 그 피를 가져다가 회막 문 앞 제단 사방에 뿌릴 것이며
⁶ 그는 또 그 번제물의 가죽을 벗기고 각을 뜰 것이요
⁷ 제사장 아론의 자손들은 제단 위에 불을 붙이고 불 위에 나무를 벌여 놓고
⁸ 아론의 자손 제사장들은 그 뜬 각과 머리와 기름을 제단 위의 불 위에 있는 나무에 벌여 놓을 것이며
⁹ 그 내장과 정강이를 물로 씻을 것이요 제사장은 그 전부를 제단 위에서 불살라 번제를 드릴지니 이는 화제라 여호와께 향기로운 냄새니라

¹⁰ 만일 그 예물이 가축 떼의 양이나 염소의 번제이면 흠 없는 수컷으로 드릴지니
¹¹ 그가 제단 북쪽 여호와 앞에서 그것을 잡을 것이요 아론의 자손 제사장들은 그것의 피를 제단 사방에 뿌릴 것이며
¹² 그는 그것의 각을 뜨고 그것의 머리와 그것의 기름을 베어낼 것이요 제사장은 그것을 다 제단 위의 불 위에 있는 나무 위에 벌여 놓을 것이며
¹³ 그 내장과 그 정강이를 물로 씻을 것이요 제사장은 그 전부를 가져다가 제단 위에서 불살라 번제를 드릴지니 이는 화제라 여호와께 향기로운 냄새니라
¹⁴ 만일 여호와께 드리는 예물이 새의 번제이면 산비둘기나 집비둘기 새끼로 예물을 드릴 것이요
¹⁵ 제사장은 그것을 제단으로 가져다가 그것의 머리를 비틀어 끊고 제단 위에서 불사르고 피는 제단 곁에 흘릴 것이며
¹⁶ 그것의 모이주머니와 그 더러운 것은 제거하여 제단 동쪽 재 버리는 곳에 던지고
¹⁷ 또 그 날개 자리에서 그 몸을 찢되 아주 찢지 말고 제사장이 그것을 제단 위의 불 위에 있는 나무 위에서 불살라 번제를 드릴지니 이는 화제라 여호와께 향기로운 냄새니라

모든 피조물은 자신의 존재를 통해서 창조주를 예배하도록 지어졌습니다. 우리의 시선이 가는 모든 곳에서 하나님의 영광이 나타난 흔적을 발견할 수 있습니다. 사람의 창조 목적 역시 하나님을 예배하는 것입니다. 우리는 과연 창조된 목적을 따라 하나님을 온전히 예배하고 있습니까? 말씀을 통해서 예배의 의미를 살펴보도록 하겠습니다.

예배는 하나님의 부르심에 대한 응답이다

레위기의 히브리식 제목은 '봐이크라'입니다. 이 말의 뜻은 '그리고 그가 부르셨다'입니다. 제목을 이렇게 이름한 이유는 레위기가 '봐이크라'라는 단어로 시작하기 때문입니다. 제사법과 율법의 수많은 규례를 가르치고 있는 레위기가 '그리고 그가 부르셨다'로 시작하는 것은 매우 의미심

장합니다. 레위기 앞에 있는 출애굽기의 마지막에는 하나님이 임재하시는 성막의 완성이 기록되어 있습니다. 성막이 완성되자 하나님이 제일 먼저 예배자를 부르셨습니다. 오늘날 우리는 너무도 쉽게 예배를 생각합니다. 매주 반복되는 예배로 우리 스스로가 하나님께로 나아간다고 생각합니다. 하지만 절대 잊어서는 안 되는 것이 있습니다. 예배는 우리의 의지에서 시작하는 것이 아니라 하나님의 부르심에서 시작한다는 것입니다.

예배는 드림이다

하나님의 부르심에 합당한 태도는 우리가 가진 것으로 하나님을 예배하는 것입니다. 본문의 2절부터 17절까지를 보면 어떤 사람은 소를 드리고, 어떤 사람은 양이나 염소를 드리며, 또 어떤 사람은 산비둘기나 집비둘기 새끼로 예물을 드리기도 합니다. 하나님은 우리의 형편을 아시고 각자의 형편에 맞는 예물을 원하십니다. 하나님 앞에 나아갈 때 빈손으로 갈 수는 없습니다. 각자의 상황과 형편을 따라 정성껏 하나님께 예물을 드려야 합니다. 하나님께 예물을 드리는 것은 자기 재력을 과시하거나 공동체에서 영향력을 행사하려고, 혹은 마지못해서 하는 것이 아닙니다. 그저 온 천지를 창조하시고, 우리를 구원하신 하나님이 예배자로 부르신 것에 대한 합당한 표현입니다. 하나님께 드리기를 즐겨 하는 복된 가정이 되길 바랍니다.

우리가 오늘도 예배할 수 있는 것은 하나님이 우리를 예배자로 부르셨기 때문입니다. 아무나 드릴 수 없는 예배의 자리에 우리를 선택해 부르신 하나님께 합당한 예배를 드려야 합니다. 예배는 드림입니다. 하나님께 드림이 모든 가정의 최고의 행복이 되길 바랍니다.

나눔

1. 하나님이 찾으시는 예배자는 어떤 사람일지 가족과 나눠 보세요.
2. 예배는 드림입니다. 나는 앞으로 어떤 마음으로 예물을 드릴 것인지 가족과 나눠 보세요.

기도

하나님, 우리를 예배하는 가정으로 불러 주셔서 감사합니다. 아무나 초청받을 수 없는 하나님의 초대에 진심으로 감사합니다. 예배자로 불러 주셨으니 우리 가정이 하나님께 예배할 때마다 합당한 모습으로 예배하게 하소서. 하나님께 드림이 우리 가정의 기쁨이 되게 하소서. 예배받으시기에 합당하신 예수님의 이름으로 기도합니다. 아멘.

이번 주 우리 가족 미션

한 주의 생명 양식

1. 대하 35:20-27
2. 대하 36:1-10
3. 대하 36:11-23
4. 레 1:1-17
5. 레 2:1-16
6. 레 3:1-17
7. 레 4:1-21

28주

항상 하나님을 예배하라

- 레위기 6:8-23
- 찬송가 38장 예수 우리 왕이여

레위기 6장 8-23절

8 여호와께서 모세에게 말씀하여 이르시되

9 아론과 그의 자손에게 명령하여 이르라 번제의 규례는 이러하니라 번제물은 아침까지 제단 위에 있는 석쇠 위에 두고 제단의 불이 그 위에서 꺼지지 않게 할 것이요

10 제사장은 세마포 긴 옷을 입고 세마포 속바지로 하체를 가리고 제단 위에서 불태운 번제의 재를 가져다가 제단 곁에 두고

11 그 옷을 벗고 다른 옷을 입고 그 재를 진영 바깥 정결한 곳으로 가져갈 것이요

12 제단 위의 불은 항상 피워 꺼지지 않게 할지니 제사장은 아침마다 나무를 그 위에서 태우고 번제물을 그 위에 벌여 놓고 화목제의 기름을 그 위에서 불사를지며

13 불은 끊임이 없이 제단 위에 피워 꺼지지 않게 할지니라

14 소제의 규례는 이러하니라 아론의 자손은 그것을 제단 앞 여호와 앞에 드리되

15 그 소제의 고운 가루 한 움큼과 기름과 소제물 위의 유향을 다 가져다가 기념물로 제단 위에서 불살라 여호와 앞에 향기로운 냄새가 되게 하고

16 그 나머지는 아론과 그의 자손이 먹되 누룩을 넣지 말고 거룩한 곳 회막 뜰에서 먹을지니라

17 그것에 누룩을 넣어 굽지 말라 이는 나의 화제물 중에서 내가 그들에게 주어 그들의

소득이 되게 하는 것이라 속죄제와 속건제 같이 지극히 거룩한즉
18 아론 자손의 남자는 모두 이를 먹을지니 이는 여호와의 화제물 중에서 대대로 그들의 영원한 소득이 됨이라 이를 만지는 자마다 거룩하리라
19 여호와께서 모세에게 말씀하여 이르시되
20 아론과 그의 자손이 기름 부음을 받는 날에 여호와께 드릴 예물은 이러하니라 고운 가루 십분의 일 에바를 항상 드리는 소제물로 삼아 그 절반은 아침에, 절반은 저녁에 드리되
21 그것을 기름으로 반죽하여 철판에 굽고 기름에 적셔 썰어서 소제로 여호와께 드려 향기로운 냄새가 되게 하라
22 이 소제는 아론의 자손 중 기름 부음을 받고 그를 이어 제사장 된 자가 드릴 것이요 영원한 규례로 여호와께 온전히 불사를 것이니
23 제사장의 모든 소제물은 온전히 불사르고 먹지 말지니라

기도의 사람으로 잘 알려진 조지 뮬러는 성경의 사람이기도 했습니다. 그는 성경을 100번 정도 읽은 후 이렇게 말했다고 합니다. "나는 하나님의 말씀을 충분히 읽지 않은 날은 잃어버린 날로 간주했다." 조지 뮬러는 말씀과 기도의 삶을 살려고 몸부림친 사람이었습니다. 하나님은 조지 뮬러뿐만 아니라 우리 역시 하나님과 날마다 만나길 원하십니다.

불이 꺼지지 말아야 한다

오늘 말씀은 제사장들이 제사를 드리는 방법을 다룹니다. 가장 먼저 나오는 것은 바로 번제의 규례입니다. 제사장의 역할 중에 가장 중요한 것은 번제물을 아침까지 제단 위에 있는 석쇠 위에 두고 제단의 불이 꺼지지 않게 하는 것입니다. 제사장은 제단의 불이 꺼지지 않게 하도록 아침마다 제단 위에 나무를 올리고, 번제물을 그 위에 벌여 놓고, 화목제의 기름을 그

위에서 태워야 했습니다(12절). 불은 하나님의 임재를 상징합니다(출 29:42). 하나님은 마치 시내산에서 불 가운데 모세를 만나신 것처럼, 번제단 위에 꺼지지 않는 불을 통해 이스라엘을 만나시겠다고 하셨습니다. 그런 하나님의 마음을 이스라엘 백성들이 깨닫고, 잊지 않도록 제사장들은 늘 제단 위에 불이 꺼지지 않게 했습니다. 우리 삶에 예배의 불이 꺼지지 않도록 불 관리를 잘 해야 합니다. 제사장이 날마다 불을 관리하며 예배를 준비했듯이 우리는 가정에서 예배의 불을 잘 관리해야 합니다.

새로운 마음으로 예배해야 한다

제사장은 제단 위에 불태운 번제의 재를 진영 바깥 정결한 곳으로 가져가려면 다른 옷으로 갈아입어야 했습니다. 제단 앞에 갈 때와 밖에 나갈 때 같은 옷을 입을 수 없었습니다. 그들은 긴 세마포를 입고 세마포 속바지로 하체를 가리고 제단 위에 올라가서 번제의 재를 가져와야 했습니다. 반면 그들이 번제단의 남은 재를 처리하려고 진영 바깥쪽에 구분된 곳으로 갈 때는 세마포 옷을 입지 않고 일반 옷으로 갈아입었습니다. 그 이유는 거룩한 제단에서 벗어나 진영 바깥으로 향하기 때문입니다. 거룩한 곳으로 나아갈 때의 그들의 태도와 자세를 옷을 통하여 시각적으로 보여 주는 것이라고 할 수 있습니다. 이렇게 제사장의 옷을 통하여 언제나 매 순간 새로운 마음으로 하나님께 예배해야 함을 보여 줍니다.

하나님을 예배하려면 불을 잘 관리해야 합니다. 불은 하나님의 임재를 상징합니다. 하나님의 임재가 없는 예배는 사람의 모임일 뿐입니다. 또한 옷차림까지도 신경 써서 거룩하신 하나님께 예배해야 합니다. 매일의 예배를 새로운 마음으로 드리는 가정이 되길 바랍니다.

🌷 나눔

1. 우리 가정에 타고 있는 예배의 불은 몇 도쯤 될까요? 100도를 기준으로 우리 가정의 예배 온도를 나눠 보세요.
2. 나는 거룩한 예배를 드리기 위해서 어떤 노력을 하고 있는지 가족과 함께 나눠 보세요.

🌷 기도

하나님, 우리 가정에서 예배의 불이 꺼지지 않기를 바랍니다. 그 어떤 관리보다 예배 관리를 잘하는 가정이 되게 하소서. 친밀한 하나님께 예배하지만, 하나님이 원하시는 방법으로 정중하게 예배를 드리게 하소서. 예배 중에 함께하시는 예수님의 이름으로 기도합니다. 아멘.

🌷 이번 주 우리 가족 미션

🌷 한 주의 생명 양식

1. ♥ 레 4:22-35
2. ♥ 레 5:1-13
3. ♥ 레 5:14-6:7
4. ♥ 레 6:8-23
5. ♥ 레 6:24-7:10
6. ♥ 레 7:11-27
7. ♥ 레 7:28-38

29주

경외함으로
하나님을 예배하라

- 레위기 10:1-11
- 찬송가 79장 주 하나님 지으신 모든 세계

레위기 10장 1-11절

1 아론의 아들 나답과 아비후가 각기 향로를 가져다가 여호와께서 명령하시지 아니하신 다른 불을 담아 여호와 앞에 분향하였더니
2 불이 여호와 앞에서 나와 그들을 삼키매 그들이 여호와 앞에서 죽은지라
3 모세가 아론에게 이르되 이는 여호와의 말씀이라 이르시기를 나는 나를 가까이 하는 자 중에서 내 거룩함을 나타내겠고 온 백성 앞에서 내 영광을 나타내리라 하셨느니라 아론이 잠잠하니
4 모세가 아론의 삼촌 웃시엘의 아들 미사엘과 엘사반을 불러 그들에게 이르되 나아와 너희 형제들을 성소 앞에서 진영 밖으로 메고 나가라 하매
5 그들이 나와 모세가 말한 대로 그들을 옷 입은 채 진영 밖으로 메어 내니
6 모세가 아론과 그의 아들 엘르아살과 이다말에게 이르되 너희는 머리를 풀거나 옷을 찢지 말라 그리하여 너희가 죽음을 면하고 여호와의 진노가 온 회중에게 미침을 면하게 하라 오직 너희 형제 이스라엘 온 족속은 여호와께서 치신 불로 말미암아 슬퍼할 것이니라
7 여호와의 관유가 너희에게 있은즉 너희는 회막 문에 나가지 말라 그리하면 죽음을 면하리라 그들이 모세의 말대로 하니라

8 여호와께서 아론에게 말씀하여 이르시되
9 너와 네 자손들이 회막에 들어갈 때에는 포도주나 독주를 마시지 말라 그리하여 너희 죽음을 면하라 이는 너희 대대로 지킬 영영한 규례라
10 그리하여야 너희가 거룩하고 속된 것을 분별하며 부정하고 정한 것을 분별하고
11 또 나 여호와가 모세를 통하여 모든 규례를 이스라엘 자손에게 가르치리라

아론의 아들 나답과 아비후는 제사장으로서 제사를 드리다가 죽임을 당합니다. 이는 충격적이고도 두려운 사건이었습니다. 나답과 아비후는 각자 자기 향로를 가져다가 그 안에 불을 담아 분향했습니다. 그런데 그 불은 하나님이 허락하시지 않은 불이었습니다. 이에 여호와 앞에서 불이 나와 그들을 삼켰습니다. 하나님은 이 사건을 통해서 예배가 어떤 것이며, 어떻게 예배해야 하는지를 보여 주셨습니다. 우리는 어떤 자세로 예배를 드려야 할까요?

경외하는 마음으로 예배해야 한다

충격적인 사건 이후에 하나님은 예배와 관련해서 중요한 말씀을 하십니다(3절). 이 말씀은 나답과 아비후에게 어떤 문제가 있었는지를 보여 줍니다. 이들은 '여호와께서 명령하시지 아니하신 다른 불'을 사용했습니다. 이 불에 대해서 학자들마다 여러 견해를 말하지만 분명한 것은 하나님이 원하시지 않는 불을 가지고 예배를 드렸다는 것입니다. 나답과 아비후는 불을 가지고 누구보다도 하나님께 가까이 다가갔지만 그들의 마음 중심은 하나님에게서 멀어져 있었으며 하나님의 영광을 나타내지 않았습니다. 하나님은 하나님을 경외하며 예배하는 자들을 기뻐하십니다. 위대한 창조주이시자 구원주이신 하나님 앞에 겸손하며 준비된 모습으로

예배해야 합니다. 그렇게 예배드리는 모습을 우리는 '경외'라고 표현합니다. 하나님을 두려워하며 동시에 사랑하는 마음으로 나아가는 것, 그것이 경외이며 모든 예배자가 갖출 태도입니다.

거룩한 예배를 드려야 한다

이 장례가 끝난 뒤에 하나님은 다시 한번 제사장들에게 가르침을 주십니다(9절). 거룩하신 하나님께 예배할 때는 거룩한 자세로 해야 합니다. 예배를 드리는 현장도 중요하지만 예배 준비는 예배 이전에 해야 합니다. 제사를 드릴 때 제물은 흠이 없는 것으로 드려야 합니다. 흠이 없는 제물보다 중요한 것은 제물을 드리는 자가 제사를 드리기에 흠이 없어야 한다는 것입니다. 하나님에게 중요한 것은 제물이 아니라 제물을 드리는 사람이기 때문입니다. 하나님은 회막에 들어갈 때 포도주나 독주를 마시지 말라고 하셨습니다. 학자 중에 일부는 이 문제를 나답과 아비후와 연관 지어 말합니다. 나답과 아비후뿐만 아니라 하나님께 예배하는 사람은 거룩한 예배를 드리려고 노력해야 합니다. 제사장들이 자신의 모습을 다시 돌아봐야 했던 것처럼 우리도 자신의 모습을 돌아봐야 합니다. 하나님을 가까이하려면 거룩한 삶을 살아야 합니다. 하나님은 거룩하신 분입니다.

하나님 앞에 나아갈 때 우리는 언제나 경외함으로 나아가야 합니다. 언제나 두려워하는 마음으로 예배해야 합니다. 다른 불이 아니라 하나님이 허락하신 불을 가지고 예배해야 합니다. 허락하신 불만큼 중요한 것은 하나님이 허락하신 삶을 사는 것입니다. 삶이 거룩하지 않으면 거룩한 예배를 드릴 수 없습니다. 하나님은 거룩한 자가 드리는 거룩한 예배를 기뻐하십니다. 거룩한 가정이 되길 바랍니다.

나눔

1. 나는 하나님이 허락하신 방법으로 예배하고 있나요? 혹시 허락되지 않은 모습이 있다면 가족과 나누고 돌이키길 바랍니다.
2. 거룩하신 하나님께 예배하기에 합당한 거룩한 사람이 되기 위한 나의 노력을 가족과 나눠 보세요.

기도

거룩하신 하나님, 우리 가정이 거룩하신 하나님을 예배하기에 합당한 거룩한 가정이 되길 원합니다. 다른 마음과 다른 불로 예배하지 않게 하시고, 하나님이 원하시는 예배자가 되게 하소서. 거룩하신 예수님의 이름으로 기도합니다. 아멘.

이번 주 우리 가족 미션

한 주의 생명 양식

1. 레 8:1-21
2. 레 8:22-36
3. 레 9:1-24
4. 레 10:1-11
5. 레 10:12-20
6. 레 11:1-23
7. 레 11:24-47

30주

삶으로 하나님을 예배하라

- 신명기 15:1-23
- 찬송가 370장 주 안에 있는 나에게

신명기 15장 1-23절

¹ 매 칠 년 끝에는 면제하라

² 면제의 규례는 이러하니라 그의 이웃에게 꾸어준 모든 채주는 그것을 면제하고 그의 이웃에게나 그 형제에게 독촉하지 말지니 이는 여호와를 위하여 면제를 선포하였음이라

³ 이방인에게는 네가 독촉하려니와 네 형제에게 꾸어준 것은 네 손에서 면제하라

⁴⁻⁵ 네가 만일 네 하나님 여호와의 말씀만 듣고 내가 오늘 네게 내리는 그 명령을 다 지켜 행하면 네 하나님 여호와께서 네게 기업으로 주신 땅에서 네가 반드시 복을 받으리니 너희 중에 가난한 자가 없으리라

⁶ 네 하나님 여호와께서 네게 허락하신 대로 네게 복을 주시리니 네가 여러 나라에 꾸어 줄지라도 너는 꾸지 아니하겠고 네가 여러 나라를 통치할지라도 너는 통치를 당하지 아니하리라

⁷ 네 하나님 여호와께서 네게 주신 땅 어느 성읍에서든지 가난한 형제가 너와 함께 거주하거든 그 가난한 형제에게 네 마음을 완악하게 하지 말며 네 손을 움켜 쥐지 말고

⁸ 반드시 네 손을 그에게 펴서 그에게 필요한 대로 쓸 것을 넉넉히 꾸어주라

⁹ 삼가 너는 마음에 악한 생각을 품지 말라 곧 이르기를 일곱째 해 면제년이 가까이 왔다 하고 네 궁핍한 형제를 악한 눈으로 바라보며 아무것도 주지 아니하면 그가 너를 여

호와께 호소하리니 그것이 네게 죄가 되리라

¹⁰ 너는 반드시 그에게 줄 것이요, 줄 때에는 아끼는 마음을 품지 말 것이니라 이로 말미암아 네 하나님 여호와께서 네가 하는 모든 일과 네 손이 닿는 모든 일에 네게 복을 주시리라

¹¹ 땅에는 언제든지 가난한 자가 그치지 아니하겠으므로 내가 네게 명령하여 이르노니 너는 반드시 네 땅 안에 네 형제 중 곤란한 자와 궁핍한 자에게 네 손을 펼지니라

¹² 네 동족 히브리 남자나 히브리 여자가 네게 팔렸다 하자 만일 여섯 해 동안 너를 섬겼거든 일곱째 해에 너는 그를 놓아 자유롭게 할 것이요

¹³ 그를 놓아 자유하게 할 때에는 빈 손으로 가게 하지 말고

¹⁴ 네 양 무리 중에서와 타작 마당에서와 포도주 틀에서 그에게 후히 줄지니 곧 네 하나님 여호와께서 네게 복을 주신 대로 그에게 줄지니라

¹⁵ 너는 애굽 땅에서 종 되었던 것과 네 하나님 여호와께서 너를 속량하셨음을 기억하라 그것으로 말미암아 내가 오늘 이같이 네게 명령하노라

¹⁶ 종이 만일 너와 네 집을 사랑하므로 너와 동거하기를 좋게 여겨 네게 향하여 내가 주인을 떠나지 아니하겠노라 하거든

¹⁷ 송곳을 가져다가 그의 귀를 문에 대고 뚫으라 그리하면 그가 영구히 네 종이 되리라 네 여종에게도 그같이 할지니라

¹⁸ 그가 여섯 해 동안에 품꾼의 삯의 배나 받을 만큼 너를 섬겼은즉 너는 그를 놓아 자유하게 하기를 어렵게 여기지 말라 그리하면 네 하나님 여호와께서 네 범사에 네게 복을 주시리라

¹⁹ 네 소와 양의 처음 난 수컷은 구별하여 네 하나님 여호와께 드릴 것이니 네 소의 첫 새끼는 부리지 말고 네 양의 첫 새끼의 털은 깎지 말고

²⁰ 너와 네 가족은 매년 여호와께서 택하신 곳 네 하나님 여호와 앞에서 먹을지니라

²¹ 그러나 그 짐승이 흠이 있어서 절거나 눈이 멀었거나 무슨 흠이 있으면 네 하나님 여호와께 잡아 드리지 못할지니

²² 네 성중에서 먹되 부정한 자나 정한 자가 다 같이 먹기를 노루와 사슴을 먹음 같이 할 것이요

²³ 오직 피는 먹지 말고 물 같이 땅에 쏟을지니라

운행은 하지 않고 가만히 서서 공회전하는 차를 종종 봅니다. 추운 겨울이면 엔진을 충분히 데워야 운전에 무리가 없다는 믿음 때문에 지나치게 공회전을 하는 차도 있습니다. 하지만 차량 전문가에 의하면 장시간 공회전은 차량에 손상을 입힌다고 합니다. 더군다나 연료를 소모시키고 환경오염에 치명적이라고 합니다. 예배에도 공회전 현상이 일어날 수 있습니다. 예배를 드리지만 감격과 기쁨이 없고, 예배를 통한 변화와 성숙이 없습니다. 이런 시간이 길어지면 예배를 드리는 이유마저도 사라집니다. 예배의 공회전이 일어나는 것입니다. 예배의 공회전을 멈추고 전진하게 만드는 예배는 어떤 예배입니까?

삶을 통하여 예배하라

1절에서 하나님은 이렇게 명령하십니다. "매 칠 년 끝에는 면제하라." 면제한다는 말은 감면해 주는 것, 감면해 놓아 주는 것을 의미합니다. 하나님은 매 칠 년 끝에 다른 이웃에게 꾸어 준 것들을 면제해 주라고 말씀하셨습니다. 하나님은 반복해서 이 명령을 하십니다. 7절과 8절을 보면 하나님은 다른 이들과 함께할 때 자신이 더 소유하기 위해 애쓰기보다는 넉넉히 나눠 주라고 말씀하십니다. 또한 면제 년을 악용하지 말라고 말씀하셨습니다. 면제 년이 가까워 올 때 악한 생각을 가지고 형제에게 아무것도 주지 않으려고 하는 모습이 하나님 앞에서 죄라고 말씀하십니다. 즉, 하나님은 면제 년을 통해 다른 사람들의 채무를 면제해 주라고 하신 것입니다. 형제의 채무를 면제해 줌으로써 하나님의 백성들 가운데 곤란한 자와 궁핍한 자들이 생기지 않게 보호하길 원하셨습니다. 여기에서 하나님의 뜻이 무엇인지 분명하게 이해할 수 있습니다. 하나님은 하나님 백성의 삶을 통하여 영광을 받으시며, 하나님 백성의 삶을 통해 하나님의 통치를 실현해

가십니다. 하나님은 능력으로 홀로 하실 수 있으시지만, 그분의 백성들의 삶을 통해 하나님의 통치를 나타내기를 원하십니다. 면제 년은 그 통치 중 하나의 모습을 보여 주는 것입니다. 그렇기에 면제 년을 행함으로써 모든 사람은 이웃에게 선을 베풀 뿐만 아니라 하나님께 영광을 돌리게 됩니다.

하나님께 받은 사랑으로 이웃을 사랑하라

하나님께 영광을 돌리는 모습은 종을 대하는 모습에서도 나타납니다. 12절부터는 종을 대우하는 법을 기록합니다. 빚진 사람의 채무가 7년째 되는 해에 면제되듯이 종으로 살던 사람도 일곱 번째 해가 되면 자유를 얻을 수 있었습니다. 하나님은 이렇게 종들에게 자유를 얻을 수 있는 길을 만들어 놓으셨습니다. 그뿐만 아니라 그들이 자유롭게 나갈 수 있게 되었을 때, 빈손으로 내보낼 것이 아니라 양이나 곡식들을 풍족하게 가지고 갈 수 있게 하라고 명령하셨습니다. 하나님이 왜 이렇게 명령하셨을까요? "너는 애굽 땅에서 종 되었던 것과 네 하나님 여호와께서 너를 속량하셨음을 기억하라 그것으로 말미암아 내가 오늘 이같이 네게 명령하노라"(15절). 하나님은 종들을 자유롭게 하라는 명령의 근거를 이스라엘 백성들도 애굽에서 종으로 살다가 하나님의 속량을 받았기 때문이라고 말씀하십니다. 즉, 하나님이 그들에게 자유를 주셨듯이 그들도 다른 종들에게 자유를 주라고 명령하신 것입니다. 이스라엘 백성들은 하나님이 주신 여러 은혜를 기억하며 그 은혜를 받은 자다운 모습으로 종들을 대해야 했습니다. 이것을 우리의 삶으로 드러낼 때 하나님은 우리의 삶을 기뻐하시며 영광을 받으십니다. 우리의 삶에서 하나님을 예배하는 모습 중의 하나는 우리에게 주신 은혜와 사랑을 다른 이들에게 베풀어 주는 것입니다.

예배의 공회전을 멈추고 출발해야 합니다. 하나님은 우리가 삶으로 하나님께 영광을 돌리기를 원하십니다. 그리고 그 모습은 하나님의 영광을 위한 삶으로, 하나님이 주신 구원의 은혜를 기억하는 삶으로, 하나님이 주신 은혜를 나누는 삶으로 나타납니다. 언젠가 그렇게 살 것이 아니라 오늘 그렇게 살아야 합니다. 우리 가정이 살아가는 모습 그 자체가 하나님께 영광이 되길 소망합니다.

나눔

1. 삶으로 예배하기 위해서 나는 무엇을 할 수 있는지 가족과 나눠 보세요.
2. 하나님이 주신 사랑을 이웃에게 베풀기 위한 계획을 구체적으로 세워서 가족과 나눠 보세요.

기도

하나님, 우리 가정이 삶으로도 하나님을 예배하는 가정이 되길 원합니다. 성전에서 예배하는 모습과 성전 밖에서 살아가는 모습에 차이가 없게 해 주소서. 하나님께 큰 사랑을 받은 가정답게 이웃을 사랑하게 하소서. 우리 가정의 예배를 받으시는 예수님의 이름으로 기도합니다. 아멘.

이번 주 우리 가족 미션

한 주의 생명 양식

1. ♥ 레 12:1-8
2. ♥ 레 13:1-17
3. ♥ 레 13:18-39
4. ♥ 레 13:40-59
5. ♥ 신 14:1-21
6. ♥ 신 14:22-29
7. ♥ 신 15:1-23

31주

하나님이 세우시는 왕

- 신명기 17:14-20
- 찬송가 357장 주 믿는 사람 일어나

신명기 17장 14-20절

¹⁴ 네가 네 하나님 여호와께서 네게 주시는 땅에 이르러 그 땅을 차지하고 거주할 때에 만일 우리도 우리 주위의 모든 민족들 같이 우리 위에 왕을 세워야겠다는 생각이 나거든 ¹⁵ 반드시 네 하나님 여호와께서 택하신 자를 네 위에 왕으로 세울 것이며 네 위에 왕을 세우려면 네 형제 중에서 한 사람을 할 것이요 네 형제 아닌 타국인을 네 위에 세우지 말 것이며
¹⁶ 그는 병마를 많이 두지 말 것이요 병마를 많이 얻으려고 그 백성을 애굽으로 돌아가게 하지 말 것이니 이는 여호와께서 너희에게 이르시기를 너희가 이 후에는 그 길로 다시 돌아가지 말 것이라 하셨음이며
¹⁷ 그에게 아내를 많이 두어 그의 마음이 미혹되게 하지 말 것이며 자기를 위하여 은금을 많이 쌓지 말 것이니라
¹⁸ 그가 왕위에 오르거든 이 율법서의 등사본을 레위 사람 제사장 앞에서 책에 기록하여 ¹⁹ 평생에 자기 옆에 두고 읽어 그의 하나님 여호와 경외하기를 배우며 이 율법의 모든 말과 이 규례를 지켜 행할 것이라
²⁰ 그리하면 그의 마음이 그의 형제 위에 교만하지 아니하고 이 명령에서 떠나 좌로나 우로나 치우치지 아니하리니 이스라엘 중에서 그와 그의 자손이 왕위에 있는 날이 장구하리라

상드린 뒤마 로이 작가의 『왕 한번 잘못 뽑았다가 큰일 날 뻔했네』(책과 콩나무, 2018)라는 동화책이 있습니다. 초원의 왕을 뽑는데 사자와 코끼리, 기린, 악어가 왕이 되겠다고 후보로 나왔습니다. 앞으로 육식동물도 풀만 먹고 살게 하고, 모두가 안전하게 살 수 있는 새로운 세상을 만들겠다고 약속한 악어가 왕이 되었습니다. 악어는 왕이 되자 본색을 드러냅니다. 형제와 친척에게 장관 자리를 나눠 주고, 병사들을 국경에 배치해 아무도 초원으로 들어오지 못하게 합니다. 결국 코끼리의 제안으로 악어를 물리치고 다시 평화가 찾아온 초원에서 동물들은 이렇게 말합니다. "왕 한번 잘못 뽑았다가 큰일 날 뻔했네." 그렇습니다. 왕 한번 잘못 뽑으면 큰일 납니다. 인류 역사의 수많은 일이 왕의 실수로 일어났습니다. 하나님은 약속의 땅에 들어가는 이스라엘 백성에게 왕의 기준을 분명히 말씀하십니다.

자기에게 빠진 사람은 왕이 될 수 없다

하나님은 왕이 갖추어야 할 첫 번째 자세로 병마와 아내, 재산을 많이 두지 말아야 할 것을 말씀하십니다(16, 17절). 당시 병마는 왕에게 있어 왕권을 강화하고 국력을 키우는 데 매우 중요한 요소였습니다. 하나님은 스스로 교만하게 될 수 있는 모든 요소를 처음부터 차단하십니다. 이스라엘 왕의 힘은 군사에게서가 아니라 하나님에게서 옵니다. 하나님은 또한 아내와 재산도 많이 두지 말라고 하십니다. 아내를 많이 두면 지나친 향락에 빠져 왕의 역할을 못하게 될 것입니다. 또한 당시 결혼은 정치적인 목적이 강했기 때문에 하나님보다 이방 사람을 의지하게 될 가능성이 커집니다. 하나님은 또한 자기를 위해서 재물을 쌓아 두지 말라고 하십니다. 돈을 사랑함이 일만 악의 뿌리가 되기 때문입니다. 자기에게 빠진 사람은 왕이 될 수 없습니다. 하나님이 사용하시는 사람은 하나님에게서 힘을 얻고, 하나님 때문에 기뻐하며, 자신의 것을 나누며 사는 사람입니다.

말씀을 읽고 지켜 행해야 한다

왕은 평생에 말씀을 자기 옆에 두고 읽고 그 말씀대로 살아야 합니다(19절). 손만 뻗으면 닿을 수 있는 곳에 성경을 두어 그 말씀을 묵상해야 합니다. 성경을 가까이하는 사람은 말씀을 통해 교훈과 책망과 바르게 함과 의로 교육을 받아 온전하게 됩니다. 미국의 대통령 에이브러햄 링컨의 집무실 책상에는 어머니가 유산으로 물려주신 오래된 성경책이 있었다고 합니다. 그는 성경을 자신의 책상에서 치우지 않았고 시시때때로 읽었습니다. 링컨은 "어머니가 내게 주신 가장 큰 선물은 성경입니다"라고 했습니다. 링컨의 어머니는 가난하여 물질을 남겨 주지는 못했지만, 그보다 값진 하나님의 말씀을 물려준 것입니다. 위대한 지도자의 뒤를 이어 지도자가 된 여호수아는 두려웠습니다. 그에게는 병마도, 그를 도와줄 나라도, 재력도 없었습니다. 이때 하나님은 여호수아에게 "이 율법책을 네 입에서 떠나지 말게 하며 주야로 그것을 묵상하여 그 안에 기록된 대로 다 지켜 행하라"(수 1:8)라고 하셨습니다. 그가 그 말씀에 순종하자 평탄이 보장됩니다.

하나님이 세우시는 왕은 세상의 왕과는 달라야 합니다. 세상에서는 군사력이 강하면, 타국과 관계가 좋으면, 막강한 재력을 가지면 강대국이라고 합니다. 하지만 하나님의 기준은 다릅니다. 나라를 지킬 힘과 능력과 공급은 하나님이 책임져 주십니다. 왕은 말씀을 곁에 두고 묵상하며 지켜 행해야 합니다. 하나님은 우리를 왕 같은 제사장으로 삼으셨습니다(벧전 2:9). 우리 역시 왕의 기준을 나의 삶의 기준으로 삼고 살아야 합니다. 결과는 하나님이 확실히 보장해 주십니다.

🔖 나눔

1. 내가 속한 그룹에서 리더의 잘못된 판단 때문에 힘들었던 경험이 있다면 가족과 나눠 보세요.
2. 왕 같은 제사장으로서 나는 어떻게 살 것인지 가족과 나눠 보세요.

🔖 기도

왕이신 하나님, 하나님이 우리 가정의 왕이 되셔서 참으로 감사합니다. 우리 가정이 세상의 힘과 쾌락과 물질을 따라 살지 않게 하소서. 늘 가정에서 말씀 읽는 소리가 끊이지 않게 하소서. 사랑하는 예수님의 이름으로 기도합니다. 아멘.

🔖 이번 주 우리 가족 미션

🔖 한 주의 생명 양식

1. 신 16:1-8
2. 신 16:9-22
3. 신 17:1-13
4. 신 17:14-20
5. 신 18:1-14
6. 신 18:15-22
7. 신 19:1-13

32주

싸움의 기술

- 신명기 20:1-20
- 찬송가 430장 주와 같이 길 가는 것

신명기 20장 1-20절

¹ 네가 나가서 적군과 싸우려 할 때에 말과 병거와 백성이 너보다 많음을 볼지라도 그들을 두려워하지 말라 애굽 땅에서 너를 인도하여 내신 네 하나님 여호와께서 너와 함께 하시느니라
² 너희가 싸울 곳에 가까이 가면 제사장은 백성에게 나아가서 고하여 그들에게
³ 말하여 이르기를 이스라엘아 들으라 너희가 오늘 너희의 대적과 싸우려고 나아왔으니 마음에 겁내지 말며 두려워하지 말며 떨지 말며 그들로 말미암아 놀라지 말라
⁴ 너희 하나님 여호와는 너희와 함께 행하시며 너희를 위하여 너희 적군과 싸우시고 구원하실 것이라 할 것이며
⁵ 책임자들은 백성에게 말하여 이르기를 새 집을 건축하고 낙성식을 행하지 못한 자가 있느냐 그는 집으로 돌아갈지니 전사하면 타인이 낙성식을 행할까 하노라
⁶ 포도원을 만들고 그 과실을 먹지 못한 자가 있느냐 그는 집으로 돌아갈지니 전사하면 타인이 그 과실을 먹을까 하노라
⁷ 여자와 약혼하고 그와 결혼하지 못한 자가 있느냐 그는 집으로 돌아갈지니 전사하면 타인이 그를 데려갈까 하노라 하고
⁸ 책임자들은 또 백성에게 말하여 이르기를 두려워서 마음이 허약한 자가 있느냐 그는

집으로 돌아갈지니 그의 형제들의 마음도 그의 마음과 같이 낙심될까 하노라 하고
⁹ 백성에게 이르기를 마친 후에 군대의 지휘관들을 세워 무리를 거느리게 할지니라
¹⁰ 네가 어떤 성읍으로 나아가서 치려 할 때에는 그 성읍에 먼저 화평을 선언하라
¹¹ 그 성읍이 만일 화평하기로 회답하고 너를 향하여 성문을 열거든 그 모든 주민들에게 네게 조공을 바치고 너를 섬기게 할 것이요
¹² 만일 너와 화평하기를 거부하고 너를 대적하여 싸우려 하거든 너는 그 성읍을 에워쌀 것이며
¹³ 네 하나님 여호와께서 그 성읍을 네 손에 넘기시거든 너는 칼날로 그 안의 남자를 다 쳐죽이고
¹⁴ 너는 오직 여자들과 유아들과 가축들과 성읍 가운데에 있는 모든 것을 너를 위하여 탈취물로 삼을 것이며 너는 네 하나님 여호와께서 네게 주신 적군에게서 빼앗은 것을 먹을지니라
¹⁵ 네가 네게서 멀리 떠난 성읍들 곧 이 민족들에게 속하지 아니한 성읍들에게는 이같이 행하려니와
¹⁶ 오직 네 하나님 여호와께서 네게 기업으로 주시는 이 민족들의 성읍에서는 호흡 있는 자를 하나도 살리지 말지니
¹⁷ 곧 헷 족속과 아모리 족속과 가나안 족속과 브리스 족속과 히위 족속과 여부스 족속을 네가 진멸하되 네 하나님 여호와께서 네게 명령하신 대로 하라
¹⁸ 이는 그들이 그 신들에게 행하는 모든 가증한 일을 너희에게 가르쳐 본받게 하여 너희가 너희의 하나님 여호와께 범죄하게 할까 함이니라
¹⁹ 너희가 어떤 성읍을 오랫동안 에워싸고 그 성읍을 쳐서 점령하려 할 때에도 도끼를 둘러 그 곳의 나무를 찍어내지 말라 이는 너희가 먹을 것이 될 것임이니 찍지 말라 들의 수목이 사람이냐 너희가 어찌 그것을 에워싸겠느냐
²⁰ 다만 과목이 아닌 수목은 찍어내어 너희와 싸우는 그 성읍을 치는 기구를 만들어 그 성읍을 함락시킬 때까지 쓸지니라

살다 보면 싸움이 일어납니다. 싸움은 내가 원치 않는다고 해서 일어나지 않는 것이 아닙니다. 내가 공격하지 않아도 누군가 싸움을 걸어오면 방

어를 하게 되는데, 방어 역시 이미 싸움을 하는 것입니다. 하나님은 출애굽 한 이스라엘 백성이 믿음으로 광야 길을 걸어갈 때 감당해야 할 전쟁에 신경을 많이 쓰셨습니다. "바로가 백성을 보낸 후에 블레셋 사람의 땅의 길은 가까울지라도 하나님이 그들을 그 길로 인도하지 아니하셨으니 이는 하나님이 말씀하시기를 이 백성이 전쟁을 하게 되면 마음을 돌이켜 애굽으로 돌아갈까 하셨음이라"(출 13:17). 때로는 돌아가는 길일지라도 전쟁을 피할 수만 있다면 돌아가게 하셨습니다. 하지만 모든 전쟁을 피할 수 있는 것은 아닙니다. 우리는 하루에도 몇 번씩 크고 작은 일을 만나고, 영적 전쟁을 치릅니다. 우리에게는 싸움의 기술이 필요합니다.

두려워하지 말라

싸움의 기술 첫 번째는 두려워하지 않는 것입니다. 두려운 마음으로는 싸움에서 이길 수가 없습니다. 얼어붙은 강에서는 아무리 열심히 노를 저어도 앞으로 갈 수 없는 것처럼, 두려움으로 굳은 마음으로는 진격해 갈 수 없습니다. "네가 나가서 적군과 싸우려 할 때에 말과 병거와 백성이 너보다 많음을 볼지라도 그들을 두려워하지 말라"(1a절). 하나님은 적군의 말과 병거가 나보다 많을지라도 두려워하지 말라고 하십니다. 이유는 분명합니다. "애굽 땅에서 너를 인도하여 내신 네 하나님 여호와께서 너와 함께 하시느니라"(1b절). 하나님이 함께하시기 때문입니다. 이것보다 더 분명한 승리의 조건은 없습니다. 천지 만물을 만드신 하나님이 함께하시면 그 어떤 적도 두려워할 필요가 없습니다. 하나님과 함께할 때 일어난 전쟁은 적과 나의 싸움이 아니라, 하나님과 적의 싸움이 됩니다. 그리고 그 결과는 너무나 자명합니다. 아람 왕이 엘리사를 잡으려고 군사를 이끌고 왔습니다. 엘리사의 종 게하시는 아람 왕의 군사를 보고 두려워 떨었습니다. 이때 엘리야는 게하시에게 차분히 이렇게 말합니다. "두려워하지 말라 우리와 함께 한 자가 그들과 함께 한 자보다 많으니라"(왕하 6:16). 하나님과 함께하길 바랍니다. 아빠의 손을 강하게 붙잡고 있는 아이는 어디를 가나 두려울 것이 없습니다.

우리를 위하여 싸우시는 하나님을 따르라

싸움의 기술 두 번째는 우리를 위해 싸우시는 하나님을 믿고 따르는 것입니다. "너희 하나님 여호와는 너희와 함께 행하시며 너희를 위하여 너희 적군과 싸우시고 구원하실 것이라 할 것이며"(4절). 하나님은 우리를 '위하여' 친히 싸우시고 구원해 주십니다. 한 사람이라도 나를 진정으로 위하는 내 편이 있다면 힘든 상황도 견딜 수 있습니다. 그런데 하나님은 나를 위하여 싸워 주시기 때문에 우리는 힘든 상황을 견디는 정도가 아니라 승리를 보장받게 됩니다. 하나님이 대신 싸워 주십니다. 출애굽을 하자마자 첫 번째로 맞이한 난관 앞에 모세는 다음과 같이 말합니다. "여호와께서 너희를 위하여 싸우시리니 너희는 가만히 있을지니라"(출 14:14). 이때부터 이스라엘이 전쟁 중에 한 일은 이스라엘을 대신해서 싸우시는 하나님을 바라보고 따르는 것이었습니다. 광야 길을 걸을 때도 어디선가 다가올 적으로 인해 두려울 필요가 없습니다. "너희보다 먼저 가시는 너희의 하나님 여호와께서 애굽에서 너희를 위하여 너희 목전에서 모든 일을 행하신 것 같이 이제도 너희를 위하여 싸우실 것이며"(신 1:30). 하나님이 우리보다 앞서 가셔서 우리를 위해 적들과 싸우십니다. 우리가 할 일은 하나님보다 앞서지 않고 하나님을 따르는 것입니다.

싸움의 기술은 간단합니다. 첫 번째로 하나님이 함께하신다는 사실을 믿고 두려워하지 말아야 합니다. 두 번째로 우리를 위하여 싸우시는 하나님의 뒤를 따라야 합니다. 어떻게 보면 싸움에서 수동적인 것처럼 보입니다. 하지만 하나님을 믿고 따르려면 우리의 적극적인 믿음과 순종이 필요합니다. 싸움의 기술을 터득해서 모든 싸움에서 승리하길 바랍니다.

나눔

1. 나를 진정으로 '위하는' 사람은 누구인가요? 그 사람과 함께할 때 어떤 마음이 드는지 가족과 나눠 보세요.
2. 나를 위해 싸우시는 하나님을 경험한 적이 있나요? 그 내용을 가족과 나눠 보세요.

기도

우리 가정을 구원하시고, 앞서 행하시며 우리 가정을 위해 싸우시는 하나님, 감사드립니다. 우리는 싸움의 대상도 잘 모르고, 싸울 방법도 능력도 없습니다. 단지 하나님만 따라갑니다. 앞서 행하시는 하나님을 따라가는 가정이 되게 하소서. 우리 가정을 위하시는 예수님의 이름으로 기도합니다. 아멘.

이번 주 우리 가족 미션

한 주의 생명 양식

1. ♥ 신 19:14-21
2. ♥ 신 20:1-20
3. ♥ 신 21:1-14
4. ♥ 신 21:15-23
5. ♥ 신 22:1-12
6. ♥ 신 22:13-30
7. ♥ 신 23:1-14

33주

하나님이 허락하신 땅에서 살아가는 삶의 자세

- 신명기 26:1-11
- 찬송가 347장 허락하신 새 땅에

신명기 26장 1-11절

1 네 하나님 여호와께서 네게 기업으로 주어 차지하게 하실 땅에 네가 들어가서 거기에 거주할 때에
2 네 하나님 여호와께서 네게 주신 땅에서 그 토지의 모든 소산의 맏물을 거둔 후에 그것을 가져다가 광주리에 담고 네 하나님 여호와께서 그의 이름을 두시려고 택하신 곳으로 그것을 가지고 가서
3 그 때의 제사장에게 나아가 그에게 이르기를 내가 오늘 당신의 하나님 여호와께 아뢰나이다 내가 여호와께서 우리에게 주시겠다고 우리 조상들에게 맹세하신 땅에 이르렀나이다 할 것이요
4 제사장은 네 손에서 그 광주리를 받아서 네 하나님 여호와의 제단 앞에 놓을 것이며
5 너는 또 네 하나님 여호와 앞에 아뢰기를 내 조상은 방랑하는 아람 사람으로서 애굽에 내려가 거기에서 소수로 거류하였더니 거기에서 크고 강하고 번성한 민족이 되었는데
6 애굽 사람이 우리를 학대하며 우리를 괴롭히며 우리에게 중노동을 시키므로
7 우리가 우리 조상의 하나님 여호와께 부르짖었더니 여호와께서 우리 음성을 들으시고 우리의 고통과 신고와 압제를 보시고
8 여호와께서 강한 손과 편 팔과 큰 위엄과 이적과 기사로 우리를 애굽에서 인도하여

내시고
⁹ 이곳으로 인도하사 이 땅 곧 젖과 꿀이 흐르는 땅을 주셨나이다
¹⁰ 여호와여 이제 내가 주께서 내게 주신 토지 소산의 맏물을 가져왔나이다 하고 너는 그것을 네 하나님 여호와 앞에 두고 네 하나님 여호와 앞에 경배할 것이며
¹¹ 네 하나님 여호와께서 너와 네 집에 주신 모든 복으로 말미암아 너는 레위인과 너희 가운데에 거류하는 객과 함께 즐거워할지니라

이스라엘은 애굽에서 400년간 노예로 살면서 땅 한 평도 소유하지 못했습니다. 이후 출애굽 해서 40년간 광야 생활을 했지만, 그곳 역시 살 만한 땅이 아니었습니다. 이스라엘 백성은 자연스럽게 정착하며 살아갈 땅을 원했습니다. 그리고 하나님이 땅을 약속하셨습니다(1절). 이와 마찬가지로 하나님은 우리의 삶을 분명히 계획하셨습니다. 그리고 그 약속은 반드시 이루어질 것입니다. 하나님의 약속이 성취된 이후에 중요한 것은 우리 삶의 자세입니다.

그 땅의 소산으로 하나님을 경배하라

하나님이 그 땅을 이스라엘에게 주셨을 때, 이스라엘은 가장 먼저 그 땅의 소산으로 하나님을 경배했습니다. 그 땅의 소산으로 하나님께 경배한다는 것은 그 땅이 나의 노력으로 얻은 것이 아니라 하나님의 은혜임을 기억하는 감사의 행위입니다"(7, 8절). 출애굽도 이스라엘의 힘으로 한 것이 아니라 하나님의 은혜로 된 것입니다. 이후에 땅을 차지하고 그 땅의 소산을 얻은 것도 철저히 하나님의 은혜입니다(10절). 구원해 주시고, 땅을 주시고, 땅의 소산을 주신 것이 전부 전적으로 하나님의 은혜입니다. 그 땅의 소산을 전부 하나님께 드려도 과하지 않습니다.

그 땅의 소산으로 이웃을 도우라

하나님이 우리에게 주신 그 땅에서 나오는 소산에는 우리 이웃을 위한 것도 포함되어 있습니다. 하나님은 그 땅의 소산으로 이웃의 부족함을 채우길 원하십니다(11절). 레위인은 자신의 기업을 소유하지 못한 사람들입니다. 객 역시 자신의 땅이 없는 사람들입니다. 하나님은 이런 사람들의 필요를 하나님이 우리에게 주신 땅에서 나는 것으로 채우길 원하십니다. 땅을 차지한 이스라엘도 한때는 레위인처럼 땅이 없었고, 객처럼 이리저리 방황해야 했습니다. 그때마다 하나님은 이스라엘의 필요를 채워 주셨습니다. 이제 땅을 차지한 이스라엘은 하나님이 그들을 도우셨듯이 같은 방법으로 자신들이 그 땅의 소산으로 이웃의 필요를 채우며 이웃을 돕는 삶을 살게 되는 것입니다. 우리의 소유가 늘어날수록 더욱더 많은 이웃을 섬긴다면, 이웃 역시 우리의 삶을 격려해 줄 것입니다. 하나님은 우리가 열 사람의 몫을 혼자 독식하는 것이 아니라, 열 사람의 필요를 채워 주는 삶을 살기를 바라십니다.

이스라엘은 아직 기업으로 주신 땅에 들어가지 못했습니다. 하지만 하나님이 약속하셨으니 그 땅에 들어가는 일은 분명히 이루어질 것입니다. 문제는 이스라엘이 하나님과의 약속대로 그 땅의 소산으로 하나님을 경배하고, 이웃의 필요를 채우겠느냐는 것입니다. 성경의 독자인 우리는 결과를 압니다. 하나님은 약속을 지키셨으나 이스라엘은 약속을 지키지 못했습니다. 우리는 어떻게 살아갑니까? 우리는 지금 땅의 소산으로 하나님을 경배하며 이웃을 돕습니까? 지금 그 땅에서 하나님을 영화롭게 하는 가정이 되길 바랍니다.

나눔

1. 하나님이 나에게 주신 것으로 하나님을 영화롭게 하고 있다면 가족과 나눠 보세요.
2. 하나님이 나에게 주신 것으로 이웃을 섬긴 경험이 있다면 가족과 함께 나눠 보세요.

기도

약속하시고, 그 약속을 성취하시는 하나님, 감사합니다. 우리 가정에 기업을 주시고, 그 땅의 소산으로 살아가게 하시니 감사합니다. 하나님이 허락하신 땅에 살면서 그 땅의 소산으로 하나님을 경배하며, 그 땅의 소산으로 이웃의 필요를 채우는 가정이 되게 하소서. 영광을 받으실 예수님의 이름으로 기도합니다. 아멘.

이번 주 우리 가족 미션

한 주의 생명 양식

1. 신 23:15-25
2. 신 24:1-9
3. 신 24:10-22
4. 신 25:1-10
5. 신 25:11-19
6. 신 26:1-11
7. 신 26:12-19

34주

하나님의 말씀을 듣고 지킬 때 일어나는 일

- 신명기 28:1-19
- 찬송가 520장 듣는 사람 마다 복음 전하여

신명기 28장 1-19절

1 네가 네 하나님 여호와의 말씀을 삼가 듣고 내가 오늘 네게 명령하는 그의 모든 명령을 지켜 행하면 네 하나님 여호와께서 너를 세계 모든 민족 위에 뛰어나게 하실 것이라
2 네가 네 하나님 여호와의 말씀을 청종하면 이 모든 복이 네게 임하며 네게 이르리니
3 성읍에서도 복을 받고 들에서도 복을 받을 것이며
4 네 몸의 자녀와 네 토지의 소산과 네 짐승의 새끼와 소와 양의 새끼가 복을 받을 것이며
5 네 광주리와 떡 반죽 그릇이 복을 받을 것이며
6 네가 들어와도 복을 받고 나가도 복을 받을 것이니라
7 여호와께서 너를 대적하기 위해 일어난 적군들을 네 앞에서 패하게 하시리라 그들이 한 길로 너를 치러 들어왔으나 네 앞에서 일곱 길로 도망하리라
8 여호와께서 명령하사 네 창고와 네 손으로 하는 모든 일에 복을 내리시고 네 하나님 여호와께서 네게 주시는 땅에서 네게 복을 주실 것이며
9 여호와께서 네게 맹세하신 대로 너를 세워 자기의 성민이 되게 하시리니 이는 네가 네 하나님 여호와의 명령을 지켜 그 길로 행할 것임이니라
10 땅의 모든 백성이 여호와의 이름이 너를 위하여 불리는 것을 보고 너를 두려워하리라
11 여호와께서 네게 주리라고 네 조상들에게 맹세하신 땅에서 네게 복을 주사 네 몸의

소생과 가축의 새끼와 토지의 소산을 많게 하시며

12 여호와께서 너를 위하여 하늘의 아름다운 보고를 여시사 네 땅에 때를 따라 비를 내리시고 네 손으로 하는 모든 일에 복을 주시리니 네가 많은 민족에게 꾸어줄지라도 너는 꾸지 아니할 것이요

13 여호와께서 너를 머리가 되고 꼬리가 되지 않게 하시며 위에만 있고 아래에 있지 않게 하시리니 오직 너는 내가 오늘 네게 명령하는 네 하나님 여호와의 명령을 듣고 지켜 행하며

14 내가 오늘 너희에게 명령하는 그 말씀을 떠나 좌로나 우로나 치우치지 아니하고 다른 신을 따라 섬기지 아니하면 이와 같으리라

15 네가 만일 네 하나님 여호와의 말씀을 순종하지 아니하여 내가 오늘 네게 명령하는 그의 모든 명령과 규례를 지켜 행하지 아니하면 이 모든 저주가 네게 임하며 네게 이를 것이니

16 네가 성읍에서도 저주를 받으며 들에서도 저주를 받을 것이요

17 또 네 광주리와 떡 반죽 그릇이 저주를 받을 것이요

18 네 몸의 소생과 네 토지의 소산과 네 소와 양의 새끼가 저주를 받을 것이며

19 네가 들어와도 저주를 받고 나가도 저주를 받으리라

하나님은 우리에게 복을 주실 뿐 아니라, 더 많이 주기 원하시며, 우리가 그 복을 마음껏 누리길 원하십니다. 그런데 이 모든 것에 대한 단서가 본문 1절에 기록되어 있습니다. 복을 받고 누리기 위해서는 말씀을 듣고 행해야 합니다. 하나님의 말씀을 들었다면 반드시 그렇게 살아야 합니다. 그때 하나님이 나에게 주시기 원하는 복을 얻게 될 것입니다.

범사에 복을 받는다

하나님의 말씀을 듣고 행하면 범사에 복을 받습니다(2절). 이 모든 복은 구체적으로 첫 번째, 성읍과 들에서 복을 받는 것입니다. 성읍과 들은 우리가 살아가는 터전입니다. 두 번째, 자녀와 토지와 소산과 짐승들이 복을

받습니다. 즉 자녀와 재산의 복을 받습니다. 세 번째, 광주리와 떡 반죽 그 릇이 복을 받습니다. 즉 수확이 풍성해지고 식생활이 만족스러워집니다. 마지막으로, 들어올 때나 나갈 때 복을 받게 됩니다. 하루를 시작할 때나 일과를 마치고 집으로 돌아올 때 언제나 복을 받는다는 것입니다. 모든 사람이 받고자 하는 이 복을 성경은 하나님이 주신다고 합니다. 즉, 복은 우리의 계획과 노력으로 얻을 수 있는 것이 아니라 하나님이 주셔야 얻을 수 있는 것입니다. 하나님이 복을 주시는 분이라면, 우리가 할 일은 하나님의 말씀을 듣고 지키는 것뿐입니다.

적군에게서 보호해 주신다

그런데 하나님은 말씀을 듣고 지킬 때 그 복을 빼앗기지 않도록 적들에게서 보호해 주시겠다고 약속하십니다(7절). 지금도 마귀는 우리를 치기 위해서 기회를 노리고 있습니다. "너희 대적 마귀가 우는 사자 같이 두루 다니며 삼킬 자를 찾나니"(벧전 5:8). 우리는 마귀의 간계를 모릅니다. 싸워서 이길 능력도 없고, 언제 그들이 쳐들어오는지도 모릅니다. 하지만 말씀을 듣고 지키기만 한다면 하나님이 우리를 지켜 주십니다. 영적 전쟁에서 날마다 승리하는 삶이 진정한 복을 누리는 삶입니다. 이것이 언제 가능합니까? 하나님의 말씀을 듣고 지킬 때 가능합니다.

하나님의 말씀을 듣고 지킬 때 우리는 범사에 복을 받고, 영적 전쟁에서 승리합니다. 따라서 마귀는 우리가 하나님의 말씀을 청종하지 못하도록 유혹할 것입니다. 그런 유혹이 있다면 마귀가 우리에게서 하나님의 복을 빼앗아 가려고 한다고 생각하고 더욱 말씀을 듣고 지켜야 합니다. 하나님이 여러분의 가정에 주기 원하시는 모든 복을 받고 누리길 바랍니다.

🌱 나눔

1. 하나님이 우리 가정에 주신 복을 가족과 나눠 보세요.
2. 하나님의 말씀을 듣고 지켜서, 유혹을 이기고 영적 전쟁에서 승리한 경험을 가족과 나눠 보세요.

🌱 기도

우리 가정을 만드시고 복을 주시는 하나님, 감사합니다. 소음이 많은 이 시대에 우리 가정이 하나님의 말씀에만 반응하게 하소서. 하나님의 말씀을 지키는 것이 가정의 사명이 되게 하소서. 범사에 복을 주시고 보호해 주실 예수님의 이름으로 기도합니다. 아멘.

🌱 이번 주 우리 가족 미션

🌱 한 주의 생명 양식

1. ♥ 신 27:1-26
2. ♥ 신 28:1-19
3. ♥ 신 28:20-35
4. ♥ 신 28:36-46
5. ♥ 신 28:47-68
6. ♥ 신 29:1-13
7. ♥ 신 29:14-29

35주

어려운 일이 아니라 쉬운 일이다

- 신명기 30:11-20
- 찬송가 315장 내 주 되신 주를 참 사랑하고

신명기 30장 11-20절

11 내가 오늘 네게 명령한 이 명령은 네게 어려운 것도 아니요 먼 것도 아니라
12 하늘에 있는 것이 아니니 네가 이르기를 누가 우리를 위하여 하늘에 올라가 그의 명령을 우리에게로 가지고 와서 우리에게 들려 행하게 하랴 할 것이 아니요
13 이것이 바다 밖에 있는 것이 아니니 네가 이르기를 누가 우리를 위하여 바다를 건너가서 그의 명령을 우리에게로 가지고 와서 우리에게 들려 행하게 하랴 할 것도 아니라
14 오직 그 말씀이 네게 매우 가까워서 네 입에 있으며 네 마음에 있은즉 네가 이를 행할 수 있느니라
15 보라 내가 오늘 생명과 복과 사망과 화를 네 앞에 두었나니
16 곧 내가 오늘 네게 명령하여 네 하나님 여호와를 사랑하고 그 모든 길로 행하며 그의 명령과 규례와 법도를 지키라 하는 것이라 그리하면 네가 생존하며 번성할 것이요 또 네 하나님 여호와께서 네가 가서 차지할 땅에서 네게 복을 주실 것임이니라
17 그러나 네가 만일 마음을 돌이켜 듣지 아니하고 유혹을 받아 다른 신들에게 절하고 그를 섬기면
18 내가 오늘 너희에게 선언하노니 너희가 반드시 망할 것이라 너희가 요단을 건너가서 차지할 땅에서 너희의 날이 길지 못할 것이니라

¹⁹ 내가 오늘 하늘과 땅을 불러 너희에게 증거를 삼노라 내가 생명과 사망과 복과 저주를 네 앞에 두었은즉 너와 네 자손이 살기 위하여 생명을 택하고
²⁰ 네 하나님 여호와를 사랑하고 그의 말씀을 청종하며 또 그를 의지하라 그는 네 생명이시요 네 장수이시니 여호와께서 네 조상 아브라함과 이삭과 야곱에게 주리라고 맹세하신 땅에 네가 거주하리라

말씀을 듣고 지키는 것은 결코 어려운 일이 아닙니다(11절). 하나님의 말씀은 우리 가까이에 있고, 우리는 그것을 지킬 수 있습니다. 안타까운 것은 가까이 있는데도 지키지 못해서 복을 받지 못하는 것입니다. 인생을 간결하게 살면서도 복을 받으며 살 수 있는데, 스스로 복잡하고 어렵게 살아가는 사람들이 있습니다. 말씀을 지키며 사는 삶은 어떻게 사는 것입니까?

생명과 복을 선택해야 한다

하나님은 인격적인 분이십니다. 사람을 창조하실 때 로봇으로 만들지 않으시고 스스로 선택할 수 있는 존재로 만드셨습니다. 하나님은 우리가 선택할 수 있도록 우리 앞에 생명과 복과 사망과 화를 두셨습니다(15절). 우리는 당연히 생명과 복을 선택하면 됩니다. 하지만 이렇게 쉬운데도 사망과 화를 선택하는 사람들이 많습니다. 왜 이런 선택을 할까요? 첫 번째로는 하나님이 계시다는 것을 믿지 않기 때문입니다. 경찰이 보고 있는데 그 앞에서 죄를 저지를 사람은 없습니다. 두 번째로 하나님이 계시다는 것을 알지만 하나님을 속일 수 있다고 생각하기 때문입니다. 세 번째로 하나님을 만홀히, 즉 함부로 여기기 때문입니다(사 1:4). 하나님은 우리에게 좋은 것을 주시는 분입니다. 당장에는 좋아 보일 수 있지만 결국에는 사망과

화를 부를 것을 선택해서는 안 됩니다. 하나님을 믿고 하나님이 원하시는 것을 선택하길 바랍니다.

하나님을 사랑하면 쉬운 일이 된다

"곧 내가 오늘 네게 명령하여 네 하나님 여호와를 사랑하고 그 모든 길로 행하며 그의 명령과 규례와 법도를 지키라 하는 것이라"(16a절). 명령과 규례와 법도를 지키는 것은 누구에게나 힘든 일입니다. 하지만 그 앞에 선행하는 마음 자세가 있습니다. "네 하나님 여호와를 사랑하고"입니다. 하나님을 사랑한다면 명령과 규례와 법도를 지킬 때 수동적으로 마지못해서 하는 것이 아니라, 적극적이고 기쁜 마음으로 행합니다. 그리고 명령과 규례와 법도 이상의 것도 행합니다. "네 하나님 여호와를 사랑하고 그의 말씀을 청종하며 또 그를 의지하라 그는 네 생명이시요"(20a절). 본문 20절 말씀도 하나님의 말씀을 청종하기 이전에 사랑을 언급합니다. 하나님은 '생명'이십니다. 하나님은 생명의 원천이시고 우리를 생명으로 인도하시는 분입니다. 또한 하나님이 주시는 생명은 영원하며 날이 갈수록 더욱 풍성해집니다. 이 사실을 믿는다면 하나님을 진심으로 사랑할 수밖에 없습니다.

하나님의 말씀을 듣고 지키는 일은 결코 어려운 일이 아닙니다. 복잡하지도 않습니다. 우리 앞에 놓인 생명과 복과 사망과 화 중에서 생명과 복을 선택하면 됩니다. 사망과 화를 가까이해서는 안 됩니다. 하나님을 더욱 사랑하길 바랍니다. 사랑하면 모든 것이 쉬워집니다. 반면 사랑이 식으면 모든 것이 힘들어집니다. 하나님을 더욱 사랑하며 하나님의 말씀을 청종하고 순종하여, 하나님이 주시는 생명을 누리길 바랍니다.

❸ 나눔

1. 내가 한 선택 가운데 하나님이 기뻐하실 만한 것이 있다면 가족과 나눠 보세요.
2. 하나님을 사랑하여 자발적으로 하나님이 원하시는 일을 행한 경험이 있다면 가족과 나눠 보세요.

❸ 기도

하나님, 우리 가정에 단순한 믿음을 주소서. 하나님이 원하시는 것을 행하고, 싫어하시는 것에는 눈길도 주지 않는 가정이 되길 원합니다. 무엇보다 하나님을 향한 사랑이 날마다 깊어지길 원합니다. 그래서 말씀대로 사는 것이 가장 쉬운 일이 되게 하소서. 생명 되신 예수님의 이름으로 기도합니다. 아멘.

❸ 이번 주 우리 가족 미션

❸ 한 주의 생명 양식

1. ♥ 신 30:1-10
2. ♥ 신 30:11-20
3. ♥ 신 31:1-13
4. ♥ 신 31:14-29
5. ♥ 신 31:30-32:14
6. ♥ 신 32:15-25
7. ♥ 신 32:26-52

36주

성전을 건축하라

- 에스라 1:1-11
- 찬송가 191장 내가 매일 기쁘게

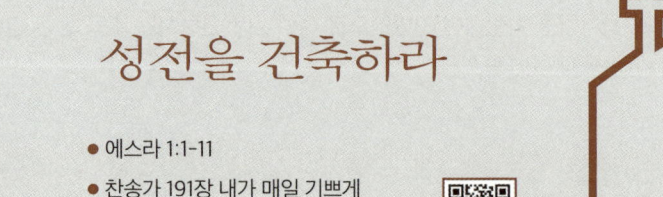

에스라 1장 1-11절

1 바사 왕 고레스 원년에 여호와께서 예레미야의 입을 통하여 하신 말씀을 이루게 하시려고 바사 왕 고레스의 마음을 감동시키시매 그가 온 나라에 공포도 하고 조서도 내려 이르되
2 바사 왕 고레스는 말하노니 하늘의 하나님 여호와께서 세상 모든 나라를 내게 주셨고 나에게 명령하사 유다 예루살렘에 성전을 건축하라 하셨나니
3 이스라엘의 하나님은 참 신이시라 너희 중에 그의 백성 된 자는 다 유다 예루살렘으로 올라가서 이스라엘의 하나님 여호와의 성전을 건축하라 그는 예루살렘에 계신 하나님이시라
4 그 남아 있는 백성이 어느 곳에 머물러 살든지 그 곳 사람들이 마땅히 은과 금과 그 밖의 물건과 짐승으로 도와 주고 그 외에도 예루살렘에 세울 하나님의 성전을 위하여 예물을 기쁘게 드릴지니라 하였더라
5 이에 유다와 베냐민 족장들과 제사장들과 레위 사람들과 그 마음이 하나님께 감동을 받고 올라가서 예루살렘에 여호와의 성전을 건축하고자 하는 자가 다 일어나니
6 그 사면 사람들이 은 그릇과 금과 물품들과 짐승과 보물로 돕고 그 외에도 예물을 기쁘게 드렸더라

7 고레스 왕이 또 여호와의 성전 그릇을 꺼내니 옛적에 느부갓네살이 예루살렘에서 옮겨다가 자기 신들의 신당에 두었던 것이라
8 바사 왕 고레스가 창고지기 미드르닷에게 명령하여 그 그릇들을 꺼내어 세어서 유다 총독 세스바살에게 넘겨주니
9 그 수는 금 접시가 서른 개요 은 접시가 천 개요 칼이 스물아홉 개요
10 금 대접이 서른 개요 그보다 못한 은 대접이 사백열 개요 그밖의 그릇이 천 개이니
11 금, 은 그릇이 모두 오천사백 개라 사로잡힌 자를 바벨론에서 예루살렘으로 데리고 갈 때에 세스바살이 그 그릇들을 다 가지고 갔더라

2020년은 코로나로 인해서 전 세계 교회가 많은 어려움을 겪었습니다. 사회적 거리두기로 인해서 교회는 문을 닫기도 하고, 소수로 모이기도 했습니다. 그런데 역사적으로 성전에서 마음껏 예배를 드린 것보다 그렇지 못한 때가 더 많았습니다. 에스라가 살던 시대 역시 마찬가지입니다. 에스라는 포로귀환 시대의 역사를 기록합니다. 바벨론에 포로로 잡혀간 이스라엘은 늘 성전을 그리워했습니다. 우상의 나라 바벨론에 살면서 하나님을 향한 마음이 더욱 커진 것입니다. 하나님은 이제 때가 되자 성전을 다시 세우십니다.

성전 건축은 하나님의 뜻이다

때가 되자 하나님은 고레스의 마음을 움직여 이스라엘 백성이 고국으로 돌아가 성전을 짓게 합니다. 이로 인해서 비참한 노예 생활이 끝이 나고 훼파된 성전을 다시 짓게 된 것입니다. 바사 왕 고레스는 이스라엘 백성을 위해 이런 일을 할 이유가 없습니다. 역사의 주관자 되시는 하나님이 행하신 것입니다(2,3절). 고레스는 노예를 놓아 주면 국가 운영에 막대한 손실을 입을 것을 알면서도 하나님의 뜻을 실행합니다. 이방의 왕도 성전

을 건축하라는 하나님의 명령에 순종합니다. 우리는 다시금 무너진 성전을 건축해야 합니다. 형식화된 예배를 회복해야 합니다.

성전 건축을 위해 자발적으로 헌신해야 한다

고레스의 명령을 듣자 이스라엘 백성의 성전을 향한 마음이 다시 깨어났습니다. 그들은 성전을 건축하는 사역에 적극적으로 동참했고 무엇보다 기쁜 마음으로 예물을 드렸습니다(5, 6절). 하나님이 성전 건축에 대한 마음을 주시자 이스라엘 백성은 기쁘게 순종합니다. '일어나다'라고 번역된 히브리어 '아라'는 자리를 털고 일어날 때 사용하는 단어입니다. 즉 백성들은 고레스의 선포가 들려왔을 때 그 선포를 하나님의 메시지로 받았고 즉시 일어나 하나님의 사역에 동참한 것입니다. 하나님의 명령과 백성의 순종이 만날 때 하나님의 역사가 일어납니다. 무너진 성전을 재건하는 것은 분명한 하나님의 뜻입니다. 성전 재건을 위해 우리의 삶을 자발적으로 헌신해야 합니다. 마음과 뜻과 정성을 다해 하나님이 원하시는 예배를 드리기 위해 헌신해야 합니다.

하나님은 약속하신 대로 성전을 재건하십니다. 이스라엘은 그 약속을 잊었을지라도 하나님은 잊지 않고 약속을 실행하십니다. 하나님은 이방의 왕 고레스의 마음을 감동하시고, 또한 이스라엘 사람들의 마음도 감동하게 하셔서 기쁜 마음으로 성전을 재건하게 하십니다. 하나님이 감동을 주셨을 때 순종하는 것이 복된 삶입니다. 하나님은 지금도 무너진 성전을 재건하길 원하십니다. 기쁘게 순종하는 가정이 되길 바랍니다.

나눔

1. 하나님은 나의 예배가 어떻게 변화되기를 원하실까요? 내가 예배드리는 모습을 되돌아보고 가족과 나눠 보세요.
2. 내가 속한 교회와 가정에서 하나님이 원하시는 예배를 드리기 위해 자발적으로 헌신할 일을 계획하고 가족과 나눠 보세요.

기도

하나님, 좋은 교회를 만나게 하시고 교회를 통해서 영혼의 꼴을 먹여 주시니 감사합니다. 교회를 내 몸처럼 사랑하게 하시고 성전을 돌아보아 부족한 부분을 자발적으로 섬기는 가정이 되게 하소서. 교회의 머리 되시는 예수님의 이름으로 기도합니다. 아멘.

이번 주 우리 가족 미션

한 주의 생명 양식

1. 신 33:1-29
2. 신 34:1-12
3. 스 1:1-11
4. 스 2:1-35
5. 스 2:36-54
6. 스 2:55-70
7. 스 3:1-13

37주

회복은 일어난다

- 에스라 7:1-10
- 찬송가 546장 주님 약속하신 말씀 위에 서

에스라 7장 1-10절

1 이 일 후에 바사 왕 아닥사스다가 왕위에 있을 때에 에스라라 하는 자가 있으니라 그는 스라야의 아들이요 아사랴의 손자요 힐기야의 증손이요
2 살룸의 현손이요 사독의 오대 손이요 아히둡의 육대 손이요
3 아마랴의 칠대 손이요 아사랴의 팔대 손이요 므라욧의 구대 손이요
4 스라히야의 십대 손이요 웃시엘의 십일대 손이요 북기의 십이대 손이요
5 아비수아의 십삼대 손이요 비느하스의 십사대 손이요 엘르아살의 십오대 손이요 대제사장 아론의 십육대 손이라
6 이 에스라가 바벨론에서 올라왔으니 그는 이스라엘의 하나님 여호와께서 주신 모세의 율법에 익숙한 학자로서 그의 하나님 여호와의 도우심을 입음으로 왕에게 구하는 것은 다 받는 자이더니
7 아닥사스다 왕 제칠년에 이스라엘 자손과 제사장들과 레위 사람들과 노래하는 자들과 문지기들과 느디님 사람들 중에 몇 사람이 예루살렘으로 올라올 때에
8 이 에스라가 올라왔으니 왕의 제칠년 다섯째 달이라
9 첫째 달 초하루에 바벨론에서 길을 떠났고 하나님의 선한 손의 도우심을 입어 다섯째 달 초하루에 예루살렘에 이르니라

¹⁰ 에스라가 여호와의 율법을 연구하여 준행하며 율례와 규례를 이스라엘에게 가르치기로 결심하였었더라

인간의 갖은 노력에도 불구하고 길은 열리지 않고 미래는 더욱 불투명하게 느껴지는 순간이 있습니다. 하지만 그때가 하나님의 임계점을 경험하는 순간입니다. 이스라엘이 망하고 성전은 무너졌으며 회복을 외칠 리더도 없는 그때, 하나님은 에스라를 역사의 무대에 등장시키십니다. 대제사장 아론의 16대손인 에스라를 통해 하나님은 회복을 이루십니다. 본문을 중심으로 회복을 위한 두 가지 요소를 살펴보겠습니다.

하나님의 선한 도우심이 있어야 한다

회복을 위해서는 하나님의 선한 도우심이 있어야 합니다. 성경은 바벨론에서 떠나 예루살렘에 도착한 것을 한 절로 표현했습니다(9절). 비록 한 절로 표현했으나 단어 사이사이에 말로 다 표현할 수 없는 어려움이 녹아 있습니다. 에스라는 왕에게 총애를 받았습니다. 그 이유는 하나님의 도우심 때문입니다(6b절). 하나님의 도우심이 아니면, 에스라가 왕의 총애를 얻지 못하고 이스라엘이 바벨론을 떠나 예루살렘에 도착할 수도 없습니다. 우리는 하나님의 도우심이 아니면 살아갈 수 없습니다. 호흡하는 것도, 밥을 먹고 소화하는 것도, 밤에 잠을 자고 아침에 일어나는 것도 하나님의 도우심이 아니면 할 수 없습니다. 우리는 연약하나 하나님은 강하십니다. 그리고 우리의 약함은 하나님의 능력을 방해하지 못합니다. 그러므로 낙심할 필요가 없습니다. 하나님의 도우심을 기대하고 소망을 품기 바랍니다. "내 영혼아 네가 어찌하여 낙심하며 어찌하여 내 속에서 불안해 하는

가 너는 하나님께 소망을 두라 나는 그가 나타나 도우심으로 말미암아 내 하나님을 여전히 찬송하리로다"(시 42:11).

하나님의 말씀을 연구하여 준행하며 가르치기를 결심하라

회복의 첫 단계가 하나님의 선한 도우심이라면 두 번째 단계는 말씀에 대한 집중력입니다(10절). 에스라는 예루살렘에 도착해서 가장 먼저 하나님의 율법을 연구했습니다. 에스라는 바벨론에 있을 때도 율법을 연구했습니다(6절). 에스라는 말씀의 사람으로 어디서나 말씀을 연구하는 거룩한 습관을 지닌 사람이었습니다. 에스라는 말씀을 연구한 이후에 바로 말씀을 가르치지 않았습니다. 자신이 먼저 말씀대로 살았습니다. "여호와의 율법을 연구하여 준행하며" 탁월한 말씀의 리더로 산 에스라의 힘은 지식에서 나온 것이 아니라 삶에서 나왔습니다. 이런 에스라의 외침은 파급력이 대단해서 잠든 영혼을 깨웁니다. 말씀의 사람 에스라의 외침은 이벤트가 아니었습니다. 에스라는 거대한 하나님 나라에 물결을 일으킵니다.

모든 것이 끝난 것 같은 순간에 가장 탁월한 말씀의 사람 에스라가 등장합니다. 에스라는 하나님의 비밀 병기이자 히든카드입니다. 하나님은 에스라를 통해서 회복을 일으키십니다. 하나님의 도우심으로 바벨론을 떠나 예루살렘에 도착하게 하십니다. 에스라를 통해서 말씀의 가르침을 받게 하십니다. 오늘날에도 회복의 원리는 같습니다. 회복을 원한다면 하나님의 도우심을 기대하십시오. 그리고 말씀을 준행하기 바랍니다.

❸ 나눔

1. 하나님의 선한 도우심을 경험한 적이 있다면 가족과 나눠 보세요.
2. 말씀을 연구하고 준행하기 위한 계획을 가족과 함께 세워 보세요.

❸ 기도

인간의 한계점에서 변화의 임계점을 만드시는 하나님, 우리 가정에 회복을 주소서. 하나님의 선한 도우심이 함께하는 가정이 되게 하시고, 말씀을 연구하고 준행하고 선포하는 가정이 되게 하소서. 회복의 근원이신 예수님의 이름으로 기도합니다. 아멘.

❸ 이번 주 우리 가족 미션

❸ 한 주의 생명 양식

1. ♥ 스 4:1-24
2. ♥ 스 5:1-17
3. ♥ 스 6:1-12
4. ♥ 스 6:13-22
5. ♥ 스 7:1-10
6. ♥ 스 7:11-28
7. ♥ 스 8:1-14

38주

부흥은 이렇게 일어난다

- 에스라 10:1-17
- 찬송가 539장 너 예수께 조용히 나가

에스라 10장 1-17절

1 에스라가 하나님의 성전 앞에 엎드려 울며 기도하여 죄를 자복할 때에 많은 백성이 크게 통곡하매 이스라엘 중에서 백성의 남녀와 어린 아이의 큰 무리가 그 앞에 모인지라
2 엘람 자손 중 여히엘의 아들 스가냐가 에스라에게 이르되 우리가 우리 하나님께 범죄하여 이 땅 이방 여자를 맞이하여 아내로 삼았으나 이스라엘에게 아직도 소망이 있나니
3 곧 내 주의 교훈을 따르며 우리 하나님의 명령을 떨며 준행하는 자의 가르침을 따라 이 모든 아내와 그들의 소생을 다 내보내기로 우리 하나님과 언약을 세우고 율법대로 행할 것이라
4 이는 당신이 주장할 일이니 일어나소서 우리가 도우리니 힘써 행하소서 하니라
5 이에 에스라가 일어나 제사장들과 레위 사람들과 온 이스라엘에게 이 말대로 행하기를 맹세하게 하매 무리가 맹세하는지라
6 이에 에스라가 하나님의 성전 앞에서 일어나 엘리아십의 아들 여호하난의 방으로 들어가니라 그가 들어가서 사로잡혔던 자들의 죄를 근심하여 음식도 먹지 아니하며 물도 마시지 아니하더니
7 유다와 예루살렘에 사로잡혔던 자들의 자손들에게 공포하기를 너희는 예루살렘으로 모이라

⁸ 누구든지 방백들과 장로들의 훈시를 따라 삼일 내에 오지 아니하면 그의 재산을 적몰하고 사로잡혔던 자의 모임에서 쫓아내리라 하매
⁹ 유다와 베냐민 모든 사람들이 삼 일 내에 예루살렘에 모이니 때는 아홉째 달 이십일이라 무리가 하나님의 성전 앞 광장에 앉아서 이 일과 큰 비 때문에 떨고 있더니
¹⁰ 제사장 에스라가 일어나 그들에게 이르되 너희가 범죄하여 이방 여자를 아내로 삼아 이스라엘의 죄를 더하게 하였으니
¹¹ 이제 너희 조상들의 하나님 앞에서 죄를 자복하고 그의 뜻대로 행하여 그 지방 사람들과 이방 여인을 끊어 버리라 하니
¹² 모든 회중이 큰 소리로 대답하여 이르되 당신의 말씀대로 우리가 마땅히 행할 것이니이다
¹³ 그러나 백성이 많고 또 큰 비가 내리는 때니 능히 밖에 서지 못할 것이요 우리가 이 일로 크게 범죄하였은즉 하루 이틀에 할 일이 아니오니
¹⁴ 이제 온 회중을 위하여 우리의 방백들을 세우고 우리 모든 성읍에 이방 여자에게 장가든 자는 다 기한에 각 고을의 장로들과 재판장과 함께 오게 하여 이 일로 인한 우리 하나님의 진노가 우리에게서 떠나게 하소서 하나
¹⁵ 오직 아사헬의 아들 요나단과 디과의 아들 야스야가 일어나 그 일을 반대하고 므술람과 레위 사람 삽브대가 그들을 돕느라
¹⁶ 사로잡혔던 자들의 자손이 그대로 한지라 제사장 에스라가 그 종족을 따라 각각 지명된 족장들 몇 사람을 선임하고 열째 달 초하루에 앉아 그 일을 조사하여
¹⁷ 첫째 달 초하루에 이르러 이방 여인을 아내로 맞이한 자의 일 조사하기를 마치니라

  기독교 부흥의 역사를 살펴보면 역사적 상황과 배경이 다 달랐지만, 동일한 현상이 있었습니다. 오늘 본문 말씀에도 부흥이 일어났을 때 있던 사건이 동일하게 일어났습니다.

부흥을 위해 울라

  부흥의 현장마다 눈물이 가득했습니다. 그 눈물은 영혼에서 나오는 눈

물입니다(1절). 에스라는 사람들에게 회개를 강요하지 않았습니다. 자신이 먼저 하나님의 성전 앞에서 눈물로 기도하며 죄를 자복했습니다. 가슴을 찢는 회개는 사람이 조작할 수 있는 것이 아닙니다. 성령 안에서 급작스럽지만 자연스럽게 일어납니다. 에스라의 회개는 민족적 회개로 번져 갔습니다. 어린아이들까지 회개하며 눈물을 흘렸습니다. 본문에 쓰인 '통곡하다'라는 단어는 감정을 억제하지 못해서 아주 크게 울며 몸부림칠 때 사용하는 말입니다. 영혼의 부흥을 위해, 죄의 회개를 위해 몸부림치며 기도했던 적은 언제입니까? 영혼의 부흥은 벌레보다 못한 자신의 현실을 발견하여 오직 십자가 외에는 소망이 없음을 깨닫고 가슴을 찢으며 통곡할 때 시작됩니다. 부흥의 눈물을 흘리는 가정이 되길 바랍니다.

부흥을 위해 삶을 변화시켜라

부흥의 시작이 가슴을 찢는 통곡이라면, 부흥의 마지막은 말씀을 따라 사는 것입니다(3절). 회개의 기도를 드렸다면 회개의 삶을 살아야 합니다. 이스라엘 백성의 변화는 가정의 변화에서 시작되었습니다. 이방인과 결혼한 사람들이 그들의 이방 아내와 그들에게서 난 아이들을 내보내기로 합니다. '꼭 그렇게까지 해야 하는가?'라는 생각이 들기도 합니다. 하지만 부흥이란 삶의 변화입니다. 변화에는 항상 대가가 필요합니다. 하나님은 잘못된 것을 모른 척 그냥 넘어가지 않으십니다.

부흥은 저절로 오지 않습니다. 부흥을 위한 영혼의 통곡이 있어야 합니다. 눈물을 잃어 버렸다면 눈물을 구해야 합니다. 하나님이 죄 된 모습을 깨닫게 하셨다면 곧바로 돌이켜야 합니다. 부흥을 경험하면 세상이 알지 못하는 기쁨을 소유하게 될 것입니다.

나눔

1. 나는 언제 하나님 앞에 통회하고 자복하며 기도했나요? 그 은혜로웠던 순간을 가족과 나눠 보세요.
2. 나는 영혼의 부흥을 위해 이전 삶의 어떤 부분을 포기하거나 돌이켰는지 가족과 나눠 보세요.

기도

하나님, 우리 가정이 부흥을 경험하길 원합니다. 하나님 앞에서 가슴을 찢으며 목 놓아 통곡하고, 하나님의 말씀에서 멀어졌다면 다시 말씀과 동행하는 가정이 되게 하소서. 세상을 좇거나 부러워하지 않게 하시고 하나님과 동행하는 것을 최고의 가치로 여기게 하여 주소서. 사랑하는 예수님의 이름으로 기도합니다. 아멘.

이번 주 우리 가족 미션

한 주의 생명 양식

1. 스 8:15-23
2. 스 8:24-36
3. 스 9:1-15
4. 스 10:1-17
5. 스 10:18-44
6. 에 1:1-12
7. 에 1:13-22

| 39주 |

공동체를 위한
헌신을 결심하라

- 에스더 4:1-17
- 찬송가 213장 나의 생명 드리니

에스더 4장 1-17절

1 모르드개가 이 모든 일을 알고 자기의 옷을 찢고 굵은 베 옷을 입고 재를 뒤집어쓰고 성중에 나가서 대성 통곡하며
2 대궐 문 앞까지 이르렀으니 굵은 베 옷을 입은 자는 대궐 문에 들어가지 못함이라
3 왕의 명령과 조서가 각 지방에 이르매 유다인이 크게 애통하여 금식하며 울며 부르짖고 굵은 베 옷을 입고 재에 누운 자가 무수하더라
4 에스더의 시녀와 내시가 나아와 전하니 왕후가 매우 근심하여 입을 의복을 모르드개에게 보내어 그 굵은 베 옷을 벗기고자 하나 모르드개가 받지 아니하는지라
5 에스더가 왕의 어명으로 자기에게 가까이 있는 내시 하닥을 불러 명령하여 모르드개에게 가서 이것이 무슨 일이며 무엇 때문인가 알아보라 하매
6 하닥이 대궐 문 앞 성 중 광장에 있는 모르드개에게 이르니
7 모르드개가 자기가 당한 모든 일과 하만이 유다인을 멸하려고 왕의 금고에 바치기로 한 은의 정확한 액수를 하닥에게 말하고
8 또 유다인을 진멸하라고 수산 궁에서 내린 조서 초본을 하닥에게 주어 에스더에게 보여 알게 하고 또 그에게 부탁하여 왕에게 나아가서 그 앞에서 자기 민족을 위하여 간절히 구하라 하니

⁹ 하닥이 돌아와 모르드개의 말을 에스더에게 알리매
¹⁰ 에스더가 하닥에게 이르되 너는 모르드개에게 전하기를
¹¹ 왕의 신하들과 왕의 각 지방 백성이 다 알거니와 남녀를 막론하고 부름을 받지 아니하고 안뜰에 들어가서 왕에게 나가면 오직 죽이는 법이요 왕이 그 자에게 금 규를 내밀어야 살 것이라 이제 내가 부름을 입어 왕에게 나가지 못한 지가 이미 삼십 일이라 하라 하니라
¹² 그가 에스더의 말을 모르드개에게 전하매
¹³ 모르드개가 그를 시켜 에스더에게 회답하되 너는 왕궁에 있으니 모든 유다인 중에 홀로 목숨을 건지리라 생각하지 말라
¹⁴ 이 때에 네가 만일 잠잠하여 말이 없으면 유다인은 다른 데로 말미암아 놓임과 구원을 얻으려니와 너와 네 아버지 집은 멸망하리라 네가 왕후의 자리를 얻은 것이 이 때를 위함이 아닌지 누가 알겠느냐 하니
¹⁵ 에스더가 모르드개에게 회답하여 이르되
¹⁶ 당신은 가서 수산에 있는 유다인을 다 모으고 나를 위하여 금식하되 밤낮 삼 일을 먹지도 말고 마시지도 마소서 나도 나의 시녀와 더불어 이렇게 금식한 후에 규례를 어기고 왕에게 나아가리니 죽으면 죽으리이다 하니라
¹⁷ 모르드개가 가서 에스더가 명령한 대로 다 행하니라

오늘 본문에는 국가를 위해 목숨을 걸고 헌신을 결단한 모르드개와 에스더가 등장합니다. 하만은 아하수에로 왕을 꾀어 유다 민족을 멸망시키려는 계략을 세우고 결국 왕의 도장을 찍은 조서를 전국에 보내게 됩니다. 이방 땅에 끌려 온 유다 민족이 완전히 사라질 위기에 처한 것입니다. 그러나 죽는 것 외에는 다른 대안이 없을 것 같은 순간에 하나님은 모르드개와 에스더를 통한 반전을 계획하십니다.

하나님의 때를 분별하라

공동체의 위기 속에서 믿음의 사람들은 하나님의 때를 분간할 수 있어

야 합니다. 기도하며 잠잠할 때가 있고 결단하고 움직일 때가 있습니다. 그동안 잠잠하던 모르드개는 하나님의 때를 깨닫고 움직이기 시작합니다(14절). 에스더는 왕비로서 왕국의 법도를 잘 알고 있었습니다(11절). 그 법도를 어기면 원하는 것을 간청하기도 전에 죽임을 당합니다. 모르드개도 이 사실을 분명히 알았습니다. 하지만 모르드개는 왕국의 법도를 지키는 것보다 하나님의 때에 움직이는 것이 더 중요하다고 말합니다. 지금 여러분의 공동체는 어떤 문제로 아파하고 있습니까? 하나님은 지금 여러분이 공동체를 위해 무엇을 하기를 원하실까요?

기도하고 행동하라

공동체의 위기 속에 우리는 특별한 기도를 해야 합니다(16a절). 에스더는 행동하기 이전에 기도에 몰입합니다. 위기의 상황에서는 순발력 있게 행동하는 것이 중요합니다. 하지만 더 중요한 것은 그 행동의 방향입니다. 자칫 잘못된 행동이 위기를 돌이킬 수 없는 절망으로 만들어 놓을 수도 있기 때문입니다. 에스더는 이제 목숨을 건 행동을 시작합니다(16b절). 믿음의 사람은 행동할 때 확률을 따지지 않습니다. 하나님의 뜻이면 그 일에 목숨을 겁니다. 모르드개와 에스더는 하나님의 역사에 쓰임을 받았습니다. 하나님은 우리도 공동체의 회복을 위해 기도하고, 하나님이 원하시는 행동을 실행하길 바라십니다.

하나님은 우리가 속한 공동체가 우리로 인해서 더욱 살기 좋은 곳으로 변화되길 원하십니다. 우리는 지금 공동체를 위해서 무엇을 하고 있습니까? 공동체를 위해 기도하고 행동하길 바랍니다. 그렇게 할 때 공동체는 우리로 인해 하나님이 원하시는 방향으로 가게 될 것입니다.

나눔

1. 하나님의 때를 분간해서 순종하고 행동한 경험이 있다면 가족과 나눠 보세요.
2. 평소 나의 모습으로는 할 수 없는 일인데 기도하고 힘을 얻어 공동체를 섬긴 경험이 있다면 가족과 나눠 보세요.

기도

우리 가정이 공동체를 위해서 기도하길 원하시는 하나님, 국가와 정치, 경제, 문화, 교육, 외교 등 곳곳에서 벌어지는 일에 대해서 눈을 감지 않게 하시고, 깨어 기도하게 하소서. 우리 가정이 미약하나마 해야 할 일들이 있다면 하나님의 마음으로 공동체를 섬기게 하소서. 우리 가정을 사용하실 예수님의 이름으로 기도합니다. 아멘.

이번 주 우리 가족 미션

한 주의 생명 양식

1. ♥ 에 2:1-11
2. ♥ 에 2:12-23
3. ♥ 에 3:1-15
4. ♥ 에 4:1-17
5. ♥ 에 5:1-14
6. ♥ 에 6:1-14
7. ♥ 에 7:1-10

40주

하나님은 정의를 찾으시는 분임을 알라

- 미가 1:1-7
- 찬송가 435장 나의 영원하신 기업

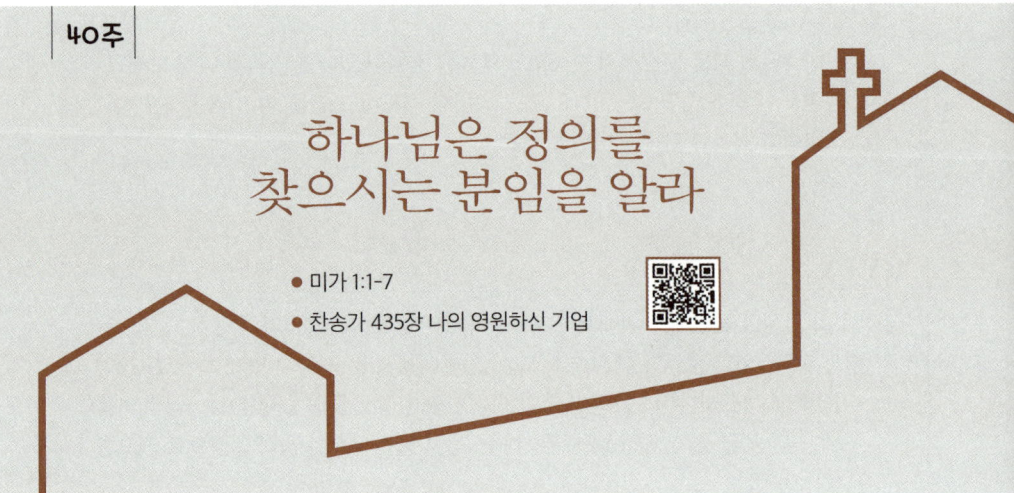

미가 1장 1-7절

1 유다의 왕들 요담과 아하스와 히스기야 시대에 모레셋 사람 미가에게 임한 여호와의 말씀 곧 사마리아와 예루살렘에 관한 묵시라

2 백성들아 너희는 다 들을지어다 땅과 거기에 있는 모든 것들아 자세히 들을지어다 주 여호와께서 너희에게 대하여 증언하시되 곧 주께서 성전에서 그리하실 것이니라

3 여호와께서 그의 처소에서 나오시고 강림하사 땅의 높은 곳을 밟으실 것이라

4 그 아래에서 산들이 녹고 골짜기들이 갈라지기를 불 앞의 밀초 같고 비탈로 쏟아지는 물 같을 것이니

5 이는 다 야곱의 허물로 말미암음이요 이스라엘 족속의 죄로 말미암음이라 야곱의 허물이 무엇이냐 사마리아가 아니냐 유다의 산당이 무엇이냐 예루살렘이 아니냐

6 이러므로 내가 사마리아를 들의 무더기 같게 하고 포도 심을 동산 같게 하며 또 그 돌들을 골짜기에 쏟아내리고 그 기초를 드러내며

7 그 새긴 우상들은 다 부서지고 그 음행의 값은 다 불살라지며 내가 그 목상들을 다 깨뜨리리니 그가 기생의 값으로 모았은즉 그것이 기생의 값으로 돌아가리라

하인리히 법칙은 한 번의 큰 사고가 있기 전에 29번 정도의 경미한 사고가 있고, 경고를 주는 징조가 300번 정도 있다는 이론으로, '1:20:300의 법칙'이라고도 합니다. 지혜로운 사람은 300번 정도의 징조가 있을 때 대비하고, 29번의 가벼운 사고가 있을 때 예방합니다. 2008년 5월 쓰촨 대지진이 있기 전에도 많은 징조가 있었습니다. 마을에서 8만 톤의 저수지 물이 하루아침에 사라지고, 우물의 수위가 높아지고, 강물 수온이 올라가고, 지진운이 생겼지만 그들은 이상하게 생각하지 않았습니다. 그 결과 30만 명이 죽게 되는 대재앙을 맞이한 것입니다. 하나님은 끊임없이 이스라엘 백성에게 경고하셨습니다. 하지만 이스라엘은 하나님이 주시는 경고의 메시지를 무시합니다. 이스라엘은 하나님이 정의로운 분임을 알아야 했습니다.

경고의 말씀을 새겨들어야 한다

미가는 남유다의 왕 요담(주전 750-735)과 아하스(주전 735-715), 히스기야(주전 715-687) 시대에 걸쳐 약 20-25년 동안 사역한 선지자입니다. 그는 실제로 자신이 받은 여호와의 말씀, 곧 묵시대로 북이스라엘의 멸망(주전 721)을 직접 보게 됩니다. 그는 그에게 임한 하나님의 확실한 묵시를 통해 이스라엘 백성에게 경고했습니다. 하지만 그들은 하나님의 엄중한 경고를 무시하여 곧 멸망하게 됩니다. 이스라엘이 행한 죄에 대해서 주 여호와께서 친히 증언하겠다고 말씀하십니다(2절). 여호와를 따르는 자와 여호와를 거역하는 자들에 대해 증언하시는 것입니다. 하나님이 심판의 메시지와 경고를 보내실 때는 그 말씀을 경청해야 합니다. 하나님의 경고를 무시하면 곧이어 큰 심판을 받게 됩니다. 여호와의 심판은 엄중해서 흔들리지 않을 것 같이 견고한 산들도 녹입니다(4a절). 불이 밀초를 녹여 버리는 것처럼, 비탈로 물이 쏟아지는 것처럼 골짜기들이 그 노여움에 순식간에 녹을 것입니다(4b절). 우리는 이런 사마리아의 역사를 바라보며 경각심을 가져야 합니다. 하나님의 호의가 계속된다고 그것을 당연하게 생각하는 뻔뻔한 백성이 되어서는 안 됩니다.

우상 숭배하는 자들을 반면교사 삼아야 한다

하나님의 백성이 심판받는 이유는 우상 숭배 때문입니다. 하나님의 심판은 남유다와 우상 숭배를 하는 모든 자에게 해당하는 말씀입니다. 여호와의 말씀을 선포하는 미가 선지자의 고향은 유다 땅 모레셋(미 1:1; 렘 26:18)이었습니다. 남유다 사람인 그가 북이스라엘 사람들에게 경고하며, 유다 사람인 우리는 그렇게 해서는 안 된다고 강조합니다. 공의로우신 하나님이 북이스라엘은 심판하시고 그와 동일한 범죄를 행하는 유다는 심판하지 않으시리라고 생각해서는 안 된다는 것입니다. 미가는 북이스라엘에 대한 경고를 통해 모두가 회개해야 한다고 말합니다. 그러므로 오늘날 우리도 이런 심판을 반면교사로 삼아야 합니다. 또한 우리는 여호와의 경고를 들을 때 두려움에 빠지는 것이 아니라 오히려 소망을 품어야 합니다. 여호와를 거역하면 심판을 받지만, 하나님을 따르면 행복해지기 때문입니다. 우리는 모두 하나님의 심판대 앞에 설 것이며, 하나님을 바라보는 사람들에게는 심판의 시간이 승리의 시간이 될 것입니다.

미가 선지자는 이스라엘이 회복되길 원했기 때문에 이스라엘을 향해 경고하고 책망했습니다. 경고의 궁극적인 목적은 하나님께로 돌아오라는 것입니다. 부모가 자녀를 교정하려고 잘못을 책망할 수 있습니다. 그 충고와 훈계가 자녀를 바른길로 인도할 것입니다.

🌷 나눔

1. 무엇인가 사고가 일어날 것을 예상하고 미리 대처하여 큰 피해를 면한 적이 있다면 가족과 나눠 보세요.
2. 누군가를 반면교사 삼은 적이 있다면 그 내용을 가족과 나눠 보세요.

🌷 기도

정의로우신 하나님, 하나님이 공의의 저울에 우리 가정을 올리실 때 부족하지 않은 가정이 되길 원합니다. 하나님이 여러 가지 경로를 통해서 경고의 메시지를 보내실 때 민감하게 반응해서 회개하고 회복하는 가정이 되길 원합니다. 회복시키시는 예수님의 이름으로 기도합니다. 아멘.

🌷 이번 주 우리 가족 미션

🌷 한 주의 생명 양식

1. 에 8:1-17
2. 에 9:1-10
3. 에 9:11-19
4. 에 9:20-10:3
5. 미 1:1-7
6. 미 1:8-16
7. 미 2:1-13

41주

하나님 앞에서 공의를 행하라

- 미가 6:1-8
- 찬송가 212장 겸손히 주를 섬길 때

미가 6장 1-8절

1 너희는 여호와의 말씀을 들을지어다 너는 일어나서 산을 향하여 변론하여 작은 산들이 네 목소리를 듣게 하라 하셨나니
2 너희 산들과 땅의 견고한 지대들아 너희는 여호와의 변론을 들으라 여호와께서 자기 백성과 변론하시며 이스라엘과 변론하실 것이라
3 이르시기를 내 백성아 내가 무엇을 네게 행하였으며 무슨 일로 너를 괴롭게 하였느냐 너는 내게 증언하라
4 내가 너를 애굽 땅에서 인도해 내어 종 노릇 하는 집에서 속량하였고 모세와 아론과 미리암을 네 앞에 보냈느니라
5 내 백성아 너는 모압 왕 발락이 꾀한 것과 브올의 아들 발람이 그에게 대답한 것을 기억하며 싯딤에서부터 길갈까지의 일을 기억하라 그리하면 나 여호와가 공의롭게 행한 일을 알리라 하실 것이니라
6 내가 무엇을 가지고 여호와 앞에 나아가며 높으신 하나님께 경배할까 내가 번제물로 일 년 된 송아지를 가지고 그 앞에 나아갈까
7 여호와께서 천천의 숫양이나 만만의 강물 같은 기름을 기뻐하실까 내 허물을 위하여 내 맏아들을, 내 영혼의 죄로 말미암아 내 몸의 열매를 드릴까

8 사람아 주께서 선한 것이 무엇임을 네게 보이셨나니 여호와께서 네게 구하시는 것은 오직 정의를 행하며 인자를 사랑하며 겸손하게 네 하나님과 함께 행하는 것이 아니냐

1977년 1월 20일, 지미 카터(Jimmy Carter)는 미국 대통령 취임식에서 미가서 6장 8절을 낭독했습니다. "사람아 주께서 선한 것이 무엇임을 네게 보이셨나니 여호와께서 네게 구하시는 것은 오직 정의를 행하며 인자를 사랑하며 겸손하게 네 하나님과 함께 행하는 것이 아니냐." 이 말씀은 미가서의 핵심이며 많은 사람에게 사랑받는 성경 구절입니다. 본문을 통해 하나님이 원하시는 것이 무엇인지 살펴보도록 하겠습니다.

여호와의 말씀을 들어야 한다

본문은 "여호와의 말씀을 들을지어다"라고 시작합니다. 본문은 재판하는 장면을 연상케 합니다. 사실 이 재판이 벌어지기 전에 이스라엘 백성들은 먼저 여호와 하나님의 말씀을 경청하고 순종해야 했지만 그렇게 하지 않았습니다. 하나님은 이스라엘을 지속해서 선의로 대해 주신 일에 대해서 세 가지 일을 예로 말씀하십니다. 첫 번째는 출애굽 사건입니다. 하나님은 모세를 통해서 이스라엘을 구원해 주셨으나 이스라엘은 우상 숭배를 행했습니다. 두 번째 일은 모압 왕 발락과 그의 예언자, 브올의 아들 발람 사건입니다. 하나님은 이스라엘을 저주하려고 한 발락의 꾀를 폐하셨습니다. 마지막 세 번째 사건은 "싯딤에서부터 길갈까지의 일"입니다(5절). 민수기 25장을 보면 이스라엘은 이곳에서 모압 여자들, 즉 이방인들과 교합하고 음행해서 하나님과의 언약을 파기했습니다(민 25:1). 하지만 공의로우신 하나님은 새로운 지도자 여호수아를 통해서 언약을 갱신하십니다(수

5:9). 하나님의 공의는 하나님이 택하실 자들을 택하시고, 책임지시고 사랑하시는 것입니다. 그러므로 우리는 하나님의 말씀을 경청하고 돌이켜야 합니다.

정의를 행해야 한다

여호와 하나님의 공의에 대해서 들은 이스라엘 백성들은 하나님께 어떻게 나아갈까 질문합니다(7절). 그들은 번제물과 천천의 숫양이나 만만의 강물 같은 기름을 여호와께서 기뻐하시지는 않을지 생각합니다. 심지어 자신의 맏아들을 희생하고, 그들의 몸을 치는 열매를 통한 자기 의를 통해서 여호와 하나님께 나아가 보려고 합니다. 하지만 미가 선지자는 주께서 그들에게 선한 것이 무엇인지 이미 보이셨다고 말합니다(8절). 이렇듯 우리도 신앙과 삶 앞에서 잘못된 생각을 할 때가 많이 있습니다. 바로 나의 의를 통해서 하나님께 나아가려고 하는 것입니다. 하나님이 원하시는 것은 "오직 정의를 행하며 인자를 사랑하며 겸손하게 네 하나님과 함께 행하는 것"입니다(8b절). 정의는 바로 내 기준이 아니라 하나님의 기준으로 행하고 살아가는 것입니다. 또한 인자를 사랑해야 합니다. 여기서 '인자'를 나타내는 '헤세드'는 신적인 호의를 나타냅니다. 즉 우리가 여호와 하나님께 받는 사랑과 인자에 감사하고, 하나님을 사랑하라는 것입니다. 그때 우리는 하나님 앞에서 겸손할 수 있습니다.

공의로우신 여호와 하나님은 자기 백성의 범죄를 절대 지켜보시기만 하지 않습니다. 백성들이 돌이키도록 피할 길을 주시고 끝까지 돌보십니다. 우리의 삶 속에 나도 모르게 스며든 우상 숭배는 없는지 돌아보며, 하나님의 공의와 인자하심을 의지하여 승리하는 가정이 되기를 소망합니다.

🌷 나눔

1. 지난날을 생각해 볼 때, 잊지 못할 하나님의 크신 사랑을 경험한 적이 있다면 가족과 나눠 보세요.
2. 하나님과 함께하기 위해서 내가 행할 것은 무엇인지 가족과 나눠 보세요.

🌷 기도

구원해 주시고, 악에서 보호해 주시고, 찢어진 관계를 회복시키시는 하나님, 감사합니다. 우리 가정에 하나님의 말씀을 경청할 수 있는 청력을 더해 주시길 원합니다. 하나님이 원하시는 삶을 최선을 다해 살아가는 가정이 되게 하소서. 공의로우신 예수님의 이름으로 기도합니다. 아멘.

🌷 이번 주 우리 가족 미션

🌷 한 주의 생명 양식

1. 미 3:1-12
2. 미 4:1-8
3. 미 4:9-13
4. 미 5:1-9
5. 미 5:10-15
6. 미 6:1-8
7. 미 6:9-16

42주

공의를 이루실 하나님을 바라보라

- 미가 7:7-13
- 찬송가 393장 오 신실하신 주

미가 7장 7-13절

⁷ 오직 나는 여호와를 우러러보며 나를 구원하시는 하나님을 바라보나니 나의 하나님이 나에게 귀를 기울이시리로다

⁸ 나의 대적이여 나로 말미암아 기뻐하지 말지어다 나는 엎드러질지라도 일어날 것이요 어두운 데에 앉을지라도 여호와께서 나의 빛이 되실 것임이로다

⁹ 내가 여호와께 범죄하였으니 그의 진노를 당하려니와 마침내 주께서 나를 위하여 논쟁하시고 심판하시며 주께서 나를 인도하사 광명에 이르게 하시리니 내가 그의 공의를 보리로다

¹⁰ 나의 대적이 이것을 보고 부끄러워하리니 그는 전에 내게 말하기를 네 하나님 여호와가 어디 있느냐 하던 자라 그가 거리의 진흙 같이 밟히리니 그것을 내가 보리로다

¹¹ 네 성벽을 건축하는 날 곧 그 날에는 지경이 넓혀질 것이라

¹² 그 날에는 앗수르에서 애굽 성읍들에까지, 애굽에서 강까지, 이 바다에서 저 바다까지, 이 산에서 저 산까지의 사람들이 네게로 돌아올 것이나

¹³ 그 땅은 그 주민의 행위의 열매로 말미암아 황폐하리로다

이용규 선교사의 『내려놓음』(규장, 2006)에 나오는 이야기입니다. 주일에 예배를 드리는데 '벌러르'라는 자매가 땀으로 뒤범벅이 되어 교회로 들어왔습니다. 그녀는 얼마 전에 큰 은혜를 받고 하나님을 뜨겁게 경험한 자매였습니다. 그런데 그날 예배 바로 몇 시간 전에 소를 잃어버려서 그 소를 찾으러 뛰어다니다가 예배 시간이 임박한 것을 알고 예배를 드리려고 들판을 가로질러 교회로 달려온 것이었습니다. 이용규 선교사는 그녀가 소가 아닌 예배를 택한 믿음의 결단을 부끄럽게 하지 말아 달라고, 벌러르 자매가 소를 다시 찾을 수 있게 해 달라고 기도했습니다. 그렇게 예배를 마쳤는데 밖에서 소 울음소리가 들려왔습니다. 벌러르 자매가 잃어버린 소가 예배 처소로 찾아온 것입니다. 소가 아니라 예배의 기쁨을 선택한 그 자매는 예배와 소, 두 가지를 함께 얻었습니다. 우리 역시 삶의 모든 순간에 하나님을 선택해야 합니다. 공의의 하나님이 하나님을 바라보며 살아가는 백성에게 하나님의 공의를 행하실 것입니다.

위기의 순간에 하나님을 바라보라

오늘 본문의 앞부분인 미가서 6장에서는 이스라엘이 불순종한 결과로 하나님이 그들을 치시겠다고 말씀하시는 장면이 나옵니다(미 6:13). 이런 상황에서 미가는 하나님만 바라보겠다고 선포합니다(7절). 미가는 심판 가운데서도 여호와를 믿고 바라보는 자들은 구원을 받을 것이라고 확신합니다. 마치 출애굽 때 열 가지 재앙을 모두 피한 이스라엘 백성들과 같습니다. 하나님은 불순종했으나 이제라도 하나님을 바라본 이스라엘의 소리에 귀 기울여 주십니다(7b절). 하나님을 의지하는 사람들에게는 가장 큰 위기의 순간이 하나님의 구원을 경험하는 시간이 됩니다. 악인들과 대적들은 의인의 환난을 조롱합니다. 하지만 선지자는 그들의 입을 막으며 의인의 엎드러짐을 기뻐하지 말라고 합니다(8a절). 왜냐하면 의인들은 하나님의 공의와 구원으로 인해 다시 일어설 것이기 때문입니다. 하나님을 바라보는 의인은 엎드러질지라도 일어날 것이며, 칠흑같이 어두운 곳에 앉아 있을지라도 여호와께서 찬란한 빛으로 인도하실 것입니다.

공의의 하나님이 하나님을 바라보는 백성의 지경을 넓혀 주신다

대적들은 하나님의 공의 앞에 부끄럽게 될 것입니다(10a절). 심지어 악인들은 하나님의 구원하심을 바라보며, 자신들이 하나님을 부정하고 비방했던 입을 막게 될 것입니다. 공의의 하나님은 악인들을 거리의 진흙같이 밟으시며 자신의 영광을 나타내실 것입니다. 의인들에게는 하나님의 복과 은혜가 임하게 될 것입니다. 의인들이 그들의 성벽을 견고하게 건축하게 될 것입니다(11절). 성읍에서 지켜낼 성벽이 없으면 아무 소용이 없습니다. 그저 외부인들의 약탈 대상이 될 뿐입니다. 하나님은 이스라엘에 복을 주실 뿐만 아니라 적들에게서 보호하시고 지경을 넓혀 주십니다(11절). 하나님은 의인의 지경을 넓히셔서 그들을 열방이 여호와께로 돌아오는 통로로 삼으시길 원하십니다.

미가 선지자는 이스라엘의 불순종 때문에 임할 여호와의 심판을 경고합니다. 하지만 그 경고는 하나님께로 다시 돌아오라는 외침이었습니다. 위기의 순간에도 하나님을 바라보면 하나님의 구원을 경험하게 됩니다. 이렇듯 하나님은 진노 중에도 우리에게 피할 길을 주시며 돌보십니다. 우리는 연약하지만, 우리가 믿는 하나님은 강하시기에 소망이 있습니다. 이 믿음이 굳건한 가정이 되길 바랍니다.

🌷 나눔

1. 위기의 순간에 하나님이 베푸시는 역전의 은혜를 누린 적이 있다면 가족과 나눠 보세요.
2. 지금까지 살아오면서 공의의 하나님을 경험한 적이 있다면 그때의 상황을 가족과 나눠 보세요.

🌷 기도

우리를 자녀 삼아 주시고, 자녀인 우리가 세상에서 비굴한 모습으로 살기를 원치 않으시는 하나님, 우리 가정이 세상에서 공의의 하나님을 믿으며 당당하게 살게 하소서. 심판 중에도 공의의 하나님만 바라보게 하시고, 마침내 지경을 넓히실 하나님에 대한 소망을 잃지 않게 하소서. 공의로우신 예수님의 이름으로 기도합니다. 아멘.

🌷 이번 주 우리 가족 미션

🌷 한 주의 생명 양식

1. ♥ 미 7:1-6
2. ♥ 미 7:7-13
3. ♥ 미 7:14-20
4. ♥ 나 1:1-8
5. ♥ 나 1:9-15
6. ♥ 나 2:1-13
7. ♥ 나 3:1-7

43주

공의를 이루실 하나님을 두려워하라

- 하박국 2:12-20
- 찬송가 94장 주 예수보다 더 귀한 것은 없네

하박국 2장 12-20절

12 피로 성읍을 건설하며 불의로 성을 건축하는 자에게 화 있을진저

13 민족들이 불탈 것으로 수고하는 것과 나라들이 헛된 일로 피곤하게 되는 것이 만군의 여호와께로 말미암음이 아니냐

14 이는 물이 바다를 덮음 같이 여호와의 영광을 인정하는 것이 세상에 가득함이니라

15 이웃에게 술을 마시게 하되 자기의 분노를 더하여 그에게 취하게 하고 그 하체를 드러내려 하는 자에게 화 있을진저

16 네게 영광이 아니요 수치가 가득한즉 너도 마시고 너의 할례 받지 아니한 것을 드러내라 여호와의 오른손의 잔이 네게로 돌아올 것이라 더러운 욕이 네 영광을 가리리라

17 이는 네가 레바논에 강포를 행한 것과 짐승을 죽인 것 곧 사람의 피를 흘리며 땅과 성읍과 그 안의 모든 주민에게 강포를 행한 것이 네게로 돌아오리라

18 새긴 우상은 그 새겨 만든 자에게 무엇이 유익하겠느냐 부어 만든 우상은 거짓 스승이라 만든 자가 이 말하지 못하는 우상을 의지하니 무엇이 유익하겠느냐

19 나무에게 깨라 하며 말하지 못하는 돌에게 일어나라 하는 자에게 화 있을진저 그것이 교훈을 베풀겠느냐 보라 이는 금과 은으로 입힌 것인즉 그 속에는 생기가 도무지 없느니라

²⁰ 오직 여호와는 그 성전에 계시니 온 땅은 그 앞에서 잠잠할지니라 하시니라

'오리 토끼'라는 그림이 있습니다. 초점을 어디에 두고 보느냐에 따라 오리로 보이기도 하고 토끼로 보이기도 하는 그림입니다. 관점의 중요성을 말할 때 자주 사용되는 그림입니다. 때로는 관점이 사실보다 중요합니다. 관점에 따라 다르게 해석되기 때문입니다. 하박국 선지자는 하나님에 대해서 풀리지 않는 궁금증이 있었습니다. 하나님은 공의로우시고 악을 차마 보지 못하시는 분인데 어떻게 악을 행하는 사람을 방관하시는지 궁금했습니다. 하나님이 행하시는 일의 단면만 보고 오해한 것입니다.

불의한 자는 결국 심판을 받는다

악한 사람이 죄를 짓자마자 형벌을 받지 않는다고 해서 그 사람이 용서받은 것은 아닙니다. 때로는 악을 행하는 사람이 도리어 잘 되는 것처럼 보이기도 하지만 절대 그렇지 않습니다. 당장 부와 명예를 얻고, 편안해 보인다고 해서 잘되는 것은 아닙니다. 공의의 하나님이 심판하실 날짜는 다가오기 때문입니다. 하나님을 모르고 거역하는 민족들이 하는 행위는 마치 불타 없어질 것을 세우고, 아무런 실속이 없는데 헛되이 일해서 몸만 피곤해지는 것과 같습니다(13절). 하지만 놀라운 것은 이 모든 것이 '여호와께로 말미암음'(13b절)이란 것입니다. 결국 그들의 완악과 불의는 하나님의 크신 계획 안에서 도구로 사용됩니다. 기세등등하고 안하무인이던 불의한 자들은 결국 하나님의 심판을 받아 멸망에 처합니다. 오늘날 불의가 만연한 세상 속에서 살아가는 믿음의 자녀들도 답답한 일들과 부당한 일들을 경험합니다. 하지만 우리가 항상 기억해야 할 것이 있습니다. 지금

도 여전히 공의의 하나님이 우리의 삶 가운데서 일하고 계시다는 사실입니다. 모든 역사는 하나님의 크신 계획 안에서 진행됩니다.

하나님 앞에서 모든 것은 잠잠하게 될 것이다

하나님은 모든 사람이 다 보고 알 정도로 확실하게 하나님의 공의를 행하실 것입니다. 오늘 본문에서도 하나님은 "물이 바다를 덮음 같이" 그분의 영광을 인정함이 온 세상에 충만할 것이라고 선포하십니다(14절). 악행을 일삼는 바벨론은 심판받게 될 것입니다. 여호와께서는 바벨론이 행한 그대로 갚아 주실 것입니다. 자신들의 악행으로 쌓은 영광이 영원하리라 생각한 교만한 자들에게는 수치로 갚아 주실 것입니다(16a절). 바벨론에 임할 심판을 "여호와의 오른손의 잔"(16b절)이라고 표현했습니다. '잔'이라는 표현은 성경 여러 곳에서 하나님의 분노와 심판을 나타냅니다(사 51:17, 22; 렘 25:15-17; 애 4:21; 계 14:10, 16:19). 하나님은 악을 행하는 자들을 위한 심판을 준비하고 계십니다. 하나님을 믿지만 때로는 답답하고 억울한 일을 만나서 하나님의 임재를 느끼지 못할 때가 있습니다. 하지만 그것은 우리의 감정과 생각일 뿐 하나님은 여전히 우리의 삶 가운데 일하고 계십니다. 공의로우신 하나님이 그 모든 답답함을 풀어주실 것입니다.

역사가 증명하듯이 하나님은 공의로우시며, 악행을 일삼는 자들은 반드시 심판을 받을 것입니다. 우리는 공의의 하나님이 우리의 보호자이심을 믿고 그분을 끝까지 붙들어야 합니다. 또한 내 안에 내가 만들어 낸 우상은 없는지 철저히 점검해야 합니다. 온 땅이 하나님 앞에 잠잠하듯이 하나님 앞에서 겸손한 삶을 살아야 합니다.

❸ 나눔

1. 하박국처럼 하나님에 관해서 풀리지 않는 궁금한 점이 있다면, 그 내용을 가족과 나누고 그 질문에 대한 답을 하나님의 관점에서 생각해 보세요.
2. 개인적으로 혹은 역사적으로 악을 심판하신 하나님의 공의에 대해서 알고 있는 내용이 있다면 가족과 나눠 보세요.

❸ 기도

공의로 이 세상을 다스리시는 하나님, 우리 가정이 하나님 앞에서 잠잠하며 겸손하길 원합니다. 하나님이 행하시는 일에 의문을 품거나 악을 행하는 자들을 부러워하지 않게 하시고, 물이 바다를 덮음같이 하나님의 영광을 인정하며 살게 하소서. 완전하신 예수님의 이름으로 기도합니다. 아멘.

❸ 이번 주 우리 가족 미션

❸ 한 주의 생명 양식

1. 나 3:8-19
2. 합 1:1-11
3. 합 1:12-17
4. 합 2:1-11
5. 합 2:12-20
6. 합 3:1-11
7. 합 3:12-19

44주

하나님의 공의 안에서 기뻐하라

- 스바냐 3:14-20
- 찬송가 401장 주의 곁에 있을 때

스바냐 3장 14-20절

14 시온의 딸아 노래할지어다 이스라엘아 기쁘게 부를지어다 예루살렘 딸아 전심으로 기뻐하며 즐거워할지어다
15 여호와가 네 형벌을 제거하였고 네 원수를 쫓아냈으며 이스라엘 왕 여호와가 네 가운데 계시니 네가 다시는 화를 당할까 두려워하지 아니할 것이라
16 그 날에 사람이 예루살렘에 이르기를 두려워하지 말라 시온아 네 손을 늘어뜨리지 말라
17 너의 하나님 여호와가 너의 가운데에 계시니 그는 구원을 베푸실 전능자이시라 그가 너로 말미암아 기쁨을 이기지 못하시며 너를 잠잠히 사랑하시며 너로 말미암아 즐거이 부르며 기뻐하시리라 하리라
18 내가 절기로 말미암아 근심하는 자들을 모으리니 그들은 네게 속한 자라 그들에게 지워진 짐이 치욕이 되었느니라
19 그 때에 내가 너를 괴롭게 하는 자를 다 벌하고 저는 자를 구원하며 쫓겨난 자를 모으며 온 세상에서 수욕 받는 자에게 칭찬과 명성을 얻게 하리라
20 내가 그 때에 너희를 이끌고 그 때에 너희를 모을지라 내가 너희 목전에서 너희의 사로잡힘을 돌이킬 때에 너희에게 천하 만민 가운데서 명성과 칭찬을 얻게 하리라 여호와의 말이니라

매들렌 렝글(Madeleine L'Engle)은 "희망이 없는 상황이란 없다. 모든 것에 대해 희망을 품어라"라고 말했습니다. 관점을 달리한다면 절망의 순간에도 희망을 찾을 수 있다는 말입니다. 우리 인생의 결정적인 요인은 일어난 사건이 아니라, 사건에 대한 해석입니다. 우리는 이 세상에서 벌어지는 모든 순간을 하나님의 시각으로 해석할 수 있어야 합니다. 오늘 본문의 스바냐는 심판이 다가오는 순간에도 하나님으로 인해서 여전히 소망을 가질 수 있다고 외칩니다.

고난의 순간에 찬양하라

하나님은 그분을 의뢰하며 그분께 소망을 품는 사람들을 '시온의 딸', '예루살렘 딸'이라고 부르며 긍휼을 베푸십니다(14절). 선지자는 남은 자들을 구원하시는 하나님을 기뻐하고 즐거워하라고 선포합니다(14b절). 그리고 계속해서 그들이 기뻐할 이유를 설명합니다. 여호와께서는 내적으로는 형벌에 대한 두려움을 없애 주셨습니다. 또한 외적으로는 그들을 괴롭게 하던 대적들을 쫓아내셨습니다. 이 일만으로도 당분간 안심할 수 있습니다. 하지만 또다시 어려움을 당한다면 불안하게 될 것입니다. 그래서 하나님은 그들을 구원하신 후에 그들과 영원히 함께하시겠다는 놀라운 약속을 주십니다. 이제 다시는 화를 당할까 두려워하지 않아도 됩니다(15절). 그날에는 여호와의 구원이 이루어져서 모든 두려움이 사라집니다(16절). 공의로 구원을 베푸시는 전능자이신 하나님이 사랑으로 보호하시기 때문입니다(17절). 우리가 하나님을 향해서 우리의 마음을 고백하듯이 그날에는 여호와께서 그분의 자녀들을 즐거이 부르며 기뻐하실 것입니다(17b절).

칭찬과 명성을 얻게 하실 것이다

하나님은 심판의 날에 그분의 백성들을 괴롭게 한 사람들을 모두 벌하시겠다고 말씀하십니다. 또한 하나님은 선한 목자의 모습으로 백성을 돌보실 것입니다. 무리에서 이탈하는 양은 장애물에 걸려 다리가 부러지기도 하고, 가시덤불에 긁혀 몸에 많은 상처를 입기도 합니다. 목자는 이런 양을 찾아서 상처를 싸매 주고, 회복될 때까지 정성껏 돌보아 줍니다. 하나님은 이와 같이 바벨론에 포로로 끌려가서 고난받는 자신의 양 떼인 이스라엘의 남은 자들을 위해 일하실 것입니다. 이에 대해서 스바냐는 여호와께서 그렇게 상처받고 고통당하는 '저는 자'를 구원하실 것을 선포합니다. 또한 그렇게 쫓겨나서 흩어진 자들을 모으실 것이라고 말합니다(19a절). 그리고 하나님은 바벨론에 끌려가 세상에서 모욕 받은 자들을 회복시키시고 오히려 그 모욕을 '칭찬과 명성'으로 바꿔 주겠다고 약속하십니다(19b절). 바벨론에 끌려간 이스라엘 백성들처럼, 우리 역시 하나님을 따르는 길이 외롭게 느껴질 때가 있습니다. 홀로 남겨졌다고 절망하던 엘리야의 심정을 느낄 때가 있습니다(왕상 19:10). 하지만 여호와의 날에 그 모든 것들이 역전되고 회복되며, 하나님의 백성은 결국 칭찬과 명성을 얻게 될 것입니다.

공의의 하나님을 신뢰하면 고난 중에도 기쁨의 찬양을 부를 수 있습니다. 하나님이 그분을 신뢰하는 사람들에게 칭찬과 명성을 주실 것이기 때문입니다. 하나님은 때로는 부모가 자녀를 대하듯 엄하시지만, 결국은 자녀를 사랑하시기 때문에 최고의 사랑을 베풀어 주십니다. 하나님의 공의를 확신하며, 하나님 안에서 기뻐하는 가정이 되길 바랍니다.

🌱 나눔

1. 고통과 절망의 순간에 찬양으로 위로와 새 힘을 얻은 경험이 있다면 가족과 나눠 보세요.
2. 이후에 하나님을 만날 때 하나님이 나에게 어떤 칭찬을 하실 것 같은지 가족과 나눠 보세요.

🌱 기도

공의의 하나님, 우리 가정이 하나님의 공의 안에서 안전함을 믿습니다. 어떤 순간에도 입술에서 찬양이 끊이지 않게 하시고, 시선을 하나님께 두어 소망을 품게 하소서. 하나님을 만날 그날을 고대하며 믿음으로 살게 하소서. 다시 오셔서 우리를 만나 주실 예수님의 이름으로 기도합니다. 아멘.

🌱 이번 주 우리 가족 미션

🌱 한 주의 생명 양식

1. ♥ 습 1:1-9
2. ♥ 습 1:10-18
3. ♥ 습 2:1-7
4. ♥ 습 2:8-15
5. ♥ 습 3:1-8
6. ♥ 습 3:9-13
7. ♥ 습 3:14-20

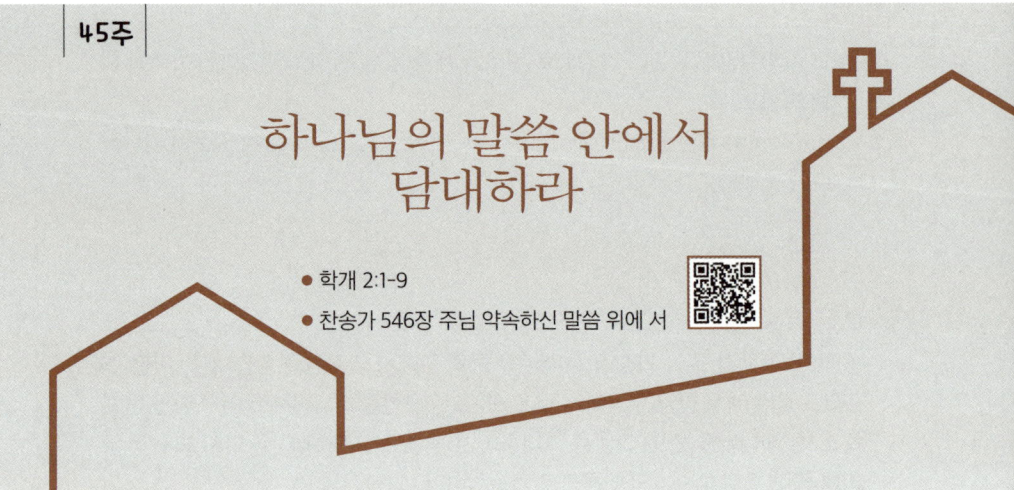

45주

하나님의 말씀 안에서 담대하라

- 학개 2:1-9
- 찬송가 546장 주님 약속하신 말씀 위에 서

학개 2장 1-9절

1 일곱째 달 곧 그 달 이십일일에 여호와의 말씀이 선지자 학개에게 임하니라 이르시되
2 너는 스알디엘의 아들 유다 총독 스룹바벨과 여호사닥의 아들 대제사장 여호수아와 남은 백성에게 말하여 이르라
3 너희 가운데에 남아 있는 자 중에서 이 성전의 이전 영광을 본 자가 누구냐 이제 이것이 너희에게 어떻게 보이느냐 이것이 너희 눈에 보잘것없지 아니하냐
4 그러나 여호와가 이르노라 스룹바벨아 스스로 굳세게 할지어다 여호사닥의 아들 대제사장 여호수아야 스스로 굳세게 할지어다 여호와의 말이니라 이 땅 모든 백성아 스스로 굳세게 하여 일할지어다 내가 너희와 함께 하노라 만군의 여호와의 말이니라
5 너희가 애굽에서 나올 때에 내가 너희와 언약한 말과 나의 영이 계속하여 너희 가운데에 머물러 있나니 너희는 두려워하지 말지어다
6 만군의 여호와가 이같이 말하노라 조금 있으면 내가 하늘과 땅과 바다와 육지를 진동시킬 것이요
7 또한 모든 나라를 진동시킬 것이며 모든 나라의 보배가 이르리니 내가 이 성전에 영광이 충만하게 하리라 만군의 여호와의 말이니라
8 은도 내 것이요 금도 내 것이니라 만군의 여호와의 말이니라

⁹ 이 성전의 나중 영광이 이전 영광보다 크리라 만군의 여호와의 말이니라 내가 이 곳에 평강을 주리라 만군의 여호와의 말이니라

오늘 본문의 말씀은 학개에게 임한 하나님의 두 번째 말씀입니다. 첫 번째 말씀이 있은 지 두 달 후, 그리고 성전 건축이 시작되고 거의 한 달 후에 선포된 말씀입니다. 성전을 짓는 백성들에게 하나님이 직접 위로와 격려를 건네신 것입니다. 하나님은 학개를 통해서 어떤 격려의 말씀을 주십니까?

내가 너희와 함께하노라

하나님은 바벨론 포로 생활에서 돌아온 총독 스룹바벨과 대제사장 여호수아 그리고 남은 백성에게 말씀하십니다. 남은 자 중에서 이전에 성전의 영광을 본 자가 누구이며, 건축되는 이 성전이 어떻게 보이는지 물으십니다(3절). 남아 있는 자 중에는 66년 전에 파괴된 제1성전인 솔로몬의 성전을 기억하는 "나이 많은 족장들"도 있었습니다(스 3:12). 솔로몬 성전보다 훨씬 축소된 스룹바벨 성전은 이들에게 초라해 보였을 것입니다(3b절). 아마 과거의 화려한 성전을 기억하며 지금의 모습에 실망했을 것입니다. 하지만 하나님은 스룹바벨과 백성들을 격려하시며 힘을 내서 성전을 건축하라고 말씀하십니다. 성전 건축을 할 때 만군의 여호와께서 그들과 함께하시겠다고 약속하십니다(4절). 하나님의 사역에는 큰일과 작은 일의 구분이 없습니다. 단지 큰 믿음과 작은 믿음이 있을 뿐입니다. 하나님이 함께하시면 우리 눈에 작고 사소해 보이는 일을 통해서도 큰 사건이 일어나게 됩니다.

나중 영광이 이전 영광보다 크리라

하나님은 성전 공사를 하는 백성들에게 언약의 말씀을 기억하게 하십니다. 애굽의 압제에서 그들의 조상들을 구원하신 하나님의 약속도 여전하고, 지금도 하나님의 영이 그들과 함께하신다는 것입니다(5절). 하나님은 이스라엘 백성이 출애굽한 역사를 기억하게 하시고 그들을 격려하십니다. 성경에 나오는 하나님의 약속들은 그 당시에 선포된 말씀이지만, 오늘을 살아가는 우리에게도 여전히 능력으로 역사하는 말씀입니다. 성전 공사가 지금 당장 보기에는 초라해 보이지만, 하나님을 위해 헌신된 것이기에 귀하게 여겨질 것입니다. 이 성전 가운데 모든 나라의 보배가 이르고, 이 성전에 영광이 충만하게 될 것이라고 하나님이 말씀하십니다(사 60:5-11). 이런 표현은 부분적으로는 스룹바벨 성전 봉헌을 언급한 것이지만, 영적으로는 하나님이 이 성전에 충만히 임재하실 것을 보여 줍니다. 또한 더 나아가 예수 그리스도를 통해 구원받고, 하나님의 성전 된 성도들 가운데 내주하시는 성령의 충만함을 보여 줍니다(고전 6:19, 20). 이렇듯 하나님의 약속된 말씀은 반드시 이루어질 것입니다. 하나님을 위한 사역은 시작은 미약하나 나중은 창대하게 될 것입니다. 나중 영광이 이전 영광보다 클 것입니다. 그러므로 하나님의 일을 하다가 낙심하지 말아야 합니다.

지금 우리가 각자 짓고 있는 성전이 거대한 빌딩 사이에서 초라하고 무의미해 보일 수 있습니다. 하지만 힘을 내기 바랍니다. 하나님이 함께하십니다. 하나님이 나중 영광이 이전 영광보다 크게 하실 것입니다. 담대하길 바랍니다. 하나님이 여러분을 통해 하나님의 일을 이루실 것입니다.

❀ 나눔

1. 하나님이 원하시는 사역을 하면서 하나님이 나와 함께하심을 강하게 확신한 적이 있다면 가족과 나눠 보세요.
2. 처음에는 미약하게 시작했으나 나중에는 풍성한 열매를 거둔 하나님의 사역이 있다면 가족과 나눠 보세요.

❀ 기도

이 땅에서 경험할 수 없는 참된 위로와 힘을 주시는 하나님, 감사합니다. 거대한 세상 속에서 믿음으로 살아갈 때 때로는 제 자신이 초라하게 느껴지고 마음이 흔들리기도 합니다. 그때마다 힘을 주시고 다시 시작할 수 있는 용기를 주소서. 함께하시는 예수님의 이름으로 기도합니다. 아멘.

❀ 이번 주 우리 가족 미션

❀ 한 주의 생명 양식

1. ♥ 학 1:1-6
2. ♥ 학 1:7-15
3. ♥ 학 2:1-9
4. ♥ 학 2:10-23
5. ♥ 슥 1:1-6
6. ♥ 슥 1:7-21
7. ♥ 슥 2:1-13

46주

하나님의 영으로 담대하라

- 스가랴 4:1-14
- 찬송가 391장 오 놀라운 구세주

스가랴 4장 1-14절

1 내게 말하던 천사가 다시 와서 나를 깨우니 마치 자는 사람이 잠에서 깨어난 것 같더라
2 그가 내게 묻되 네가 무엇을 보느냐 내가 대답하되 내가 보니 순금 등잔대가 있는데 그 위에는 기름 그릇이 있고 또 그 기름 그릇 위에 일곱 등잔이 있으며 그 기름 그릇 위에 있는 등잔을 위해서 일곱 관이 있고
3 그 등잔대 곁에 두 감람나무가 있는데 하나는 그 기름 그릇 오른쪽에 있고 하나는 그 왼쪽에 있나이다 하고
4 내게 말하는 천사에게 물어 이르되 내 주여 이것들이 무엇이니이까 하니
5 내게 말하는 천사가 대답하여 이르되 네가 이것들이 무엇인지 알지 못하느냐 하므로 내가 대답하되 내 주여 내가 알지 못하나이다 하니
6 그가 내게 대답하여 이르되 여호와께서 스룹바벨에게 하신 말씀이 이러하니라 만군의 여호와께서 말씀하시되 이는 힘으로 되지 아니하며 능력으로 되지 아니하고 오직 나의 영으로 되느니라
7 큰 산아 네가 무엇이냐 네가 스룹바벨 앞에서 평지가 되리라 그가 머릿돌을 내놓을 때에 무리가 외치기를 은총, 은총이 그에게 있을지어다 하리라 하셨고
8 여호와의 말씀이 또 내게 임하여 이르시되

9 스룹바벨의 손이 이 성전의 기초를 놓았은즉 그의 손이 또한 그 일을 마치리라 하셨나니 만군의 여호와께서 나를 너희에게 보내신 줄을 네가 알리라 하셨느니라
10 작은 일의 날이라고 멸시하는 자가 누구냐 사람들이 스룹바벨의 손에 다림줄이 있음을 보고 기뻐하리라 이 일곱은 온 세상에 두루 다니는 여호와의 눈이라 하니라
11 내가 그에게 물어 이르되 등잔대 좌우의 두 감람나무는 무슨 뜻이니이까 하고
12 다시 그에게 물어 이르되 금 기름을 흘리는 두 금관 옆에 있는 이 감람나무 두 가지는 무슨 뜻이니이까 하니
13 그가 내게 대답하여 이르되 네가 이것이 무엇인지 알지 못하느냐 하는지라 내가 대답하되 내 주여 알지 못하나이다 하니
14 이르되 이는 기름 부음 받은 자 둘이니 온 세상의 주 앞에 서 있는 자니라 하더라

세계에서 가장 큰 새 앨버트로스는 어떻게 날기에 가장 큰 새이면서 가장 높이, 멀리 나는 것일까요? 비밀은 바람에 있습니다. 비행에 필요한 에너지의 98%를 바람에서 얻고 나머지 2%만 날갯짓을 해서 얻어 역동적으로 날아가는 것입니다. 앨버트로스에게 바람이 있다면 성도에게는 성령님이 계십니다. 성령님을 따라 움직이는 성도에게는 만성 피로가 없습니다. 오늘 본문은 스가랴에게 임한 여덟 가지 환상 중에서 다섯 번째 환상입니다. 이 환상은 성령을 따라 움직이는 삶의 중요성을 말합니다.

힘이 아닌 여호와의 영으로만 이루어진다

스가랴는 제일 먼저 '순금 등잔대'를 봤습니다. 금은 아주 옛날부터 매우 귀한 귀금속으로 왕권과 관련이 있습니다. 그 등잔대 위에는 '일곱 등잔'이 있는데, 이 일곱 등잔은 요한계시록에 나오는 일곱 금 촛대를 떠올리게 합니다(계 1:12). 요한계시록의 금 촛대와 마찬가지로 오늘 본문의 '순금 등잔대' 환상도 왕 되신 여호와께서 모든 것을 통치하심을 보여 줍

니다. 하나님은 스룹바벨에게 성전을 재건하는 것은 "힘으로 되지 아니하며 능력으로 되지 아니하고 오직 나의 영으로 되느니라"라고 말씀하셨습니다(6절). 스룹바벨이 자신의 힘을 의지하는 것이 아니라 여호와의 영을 의지하고 나아갈 때, 그의 앞에서 큰 산과 같은 문제도 평지가 될 것입니다(7절).

사람이 아니라 성령님이 하신다

선지자는 여호와의 사자에게 등잔대 좌우에 있는, 금 기름을 흘리는 두 금관 옆에 있는 '두 감람나무'에 대해서 질문합니다(11, 12절). 천사는 이에 대해서 '두 감람나무'는 여호와 앞에서 "기름 부음 받은 자 둘"(14a절)이라고 말해 주며, 이들은 "온 세상의 주 앞에 서 있는 자"라고 말해 줍니다. 이 두 감람나무는 여호와께서 이루실 성전 건축 가운데 쓰임 받는 총독 스룹바벨과 대제사장 여호수아를 상징합니다. 이들은 하나님의 은혜와 보호하심 가운데 성전 건축을 이룰 것입니다. '기름 부음 받은 자'라면 하나님이 계획하신 일을 이룰 것입니다. 하나님 앞에서 성령님의 능력을 힘입은 사람이 하나님의 사역을 감당합니다. 결국 사람이 아니라 성령님이 하십니다. 사람은 통로에 불과합니다. 나의 힘이 아니라, 하나님이 주시는 힘으로 하나님의 일을 감당하는 것입니다.

바람을 타고 비행하는 앨버트로스처럼 성령님을 의지해서 사역하는 하나님의 사람이 필요합니다. 그렇게 할 때 아무리 큰 문제도 평지처럼 될 것입니다. 온 세상의 주인이신 하나님 앞에서 행한다면 감당하지 못할 일이 없습니다. 하나님의 영으로 충만한 가정이 되길 바랍니다.

🌷 나눔

1. 알바트로스가 바람을 타고 비행하듯이 하나님의 힘으로 맡겨진 일을 완수한 경험이 있다면 가족과 나눠 보세요.
2. "나는 도구에 불과하고 하나님이 다 하셨습니다"라고 고백한 경험이 있다면 그때의 일을 가족과 나눠 보세요.

🌷 기도

하나님, 우리 가정이 영적 앨버트로스가 되어 성령님의 능력으로 이 세상을 비행하기를 원합니다. 나의 힘과 지혜를 의지해서 살지 않고, 오직 온 세상의 주인이신 하나님이 주시는 힘으로 살게 하소서. 큰 산도 평지로 만드시는 예수님의 이름으로 기도합니다. 아멘.

🌷 이번 주 우리 가족 미션

🌷 한 주의 생명 양식

1. ♥ 슥 3:1-10
2. ♥ 슥 4:1-14
3. ♥ 슥 5:1-11
4. ♥ 슥 6:1-8
5. ♥ 슥 6:9-15
6. ♥ 슥 7:1-14
7. ♥ 슥 8:1-13

47주

오실 왕과 함께 담대하라

- 스가랴 9:9-17
- 찬송가 412장 내 영혼의 그윽히 깊은 데서

스가랴 9장 9-17절

⁹ 시온의 딸아 크게 기뻐할지어다 예루살렘의 딸아 즐거이 부를지어다 보라 네 왕이 네게 임하시나니 그는 공의로우시며 구원을 베푸시며 겸손하여서 나귀를 타시나니 나귀의 작은 것 곧 나귀 새끼니라

¹⁰ 내가 에브라임의 병거와 예루살렘의 말을 끊겠고 전쟁하는 활도 끊으리니 그가 이방 사람에게 화평을 전할 것이요 그의 통치는 바다에서 바다까지 이르고 유브라데 강에서 땅 끝까지 이르리라

¹¹ 또 너로 말할진대 네 언약의 피로 말미암아 내가 네 갇힌 자들을 물 없는 구덩이에서 놓았나니

¹² 갇혀 있으나 소망을 품은 자들아 너희는 요새로 돌아올지니라 내가 오늘도 이르노라 내가 네게 갑절이나 갚을 것이라

¹³ 내가 유다를 당긴 활로 삼고 에브라임을 끼운 화살로 삼았으니 시온아 내가 네 자식들을 일으켜 헬라 자식들을 치게 하며 너를 용사의 칼과 같게 하리라

¹⁴ 여호와께서 그들 위에 나타나서 그들의 화살을 번개 같이 쏘아내실 것이며 주 여호와께서 나팔을 불게 하시며 남방 회오리바람을 타고 가실 것이라

¹⁵ 만군의 여호와께서 그들을 호위하시리니 그들이 원수를 삼키며 물맷돌을 밟을 것이

며 그들이 피를 마시고 즐거이 부르기를 술취한 것 같이 할 것인즉 피가 가득한 동이와도 같고 피 묻은 제단 모퉁이와도 같을 것이라
16 이 날에 그들의 하나님 여호와께서 그들을 자기 백성의 양 떼 같이 구원하시리니 그들이 왕관의 보석 같이 여호와의 땅에 빛나리로다
17 그의 형통함과 그의 아름다움이 어찌 그리 큰지 곡식은 청년을, 새 포도주는 처녀를 강건하게 하리라

    오늘 본문은 예수님이 예루살렘으로 입성하실 때 인용하신 구절입니다(마 21:5; 요 12:15). 예수님은 나귀 새끼를 타시고 예루살렘에 입성하십니다. 이런 예수님의 모습은 일반적으로 왕들이 자신이 정복한 성에 화려한 말을 타고 입성하는 모습과는 대조됩니다. 성도는 이 땅의 불완전함을 보며 실망할 수 있습니다. 그럼에도 우리가 소망을 품을 수 있는 이유는 도래할 하나님 나라를 소망하기 때문입니다. 우리는 그날까지 어떻게 살아야 합니까?

갇혀 있으나 소망을 품어야 한다

    하나님이 '언약의 피', 즉 드려진 제물의 피로 인해 그 모든 것을 해결해야 하는 책임을 갖고 약속을 이행하셨듯이(출 24:8), '갇힌 자들'을 약속대로 놓아 주실 것입니다. 이 약속을 이행하시는 분이 만군의 여호와이시기에 그 구원은 반드시 이루어질 것입니다. 스코틀랜드에서 선교사로 파송된 데이비드 리빙스턴(Livingstone David)은 식인종이 우글거리는 아프리카에서 33년 동안 하나님의 말씀을 전했습니다. 그가 런던에 돌아가서 선교 보고를 할 때, 한 청년이 리빙스턴에게 "그렇게 무서운 곳에서 어떻게 하나님의 말씀을 담대하게 전할 수 있었습니까?"라고 물어보았습니다.

리빙스턴은 자신이 선교지에서 붙든 성경 말씀 두 구절을 말해 주었습니다. "내가 너희를 고아와 같이 버려두지 아니하고 너희에게로 오리라"(요 14:18). "내가 너희에게 분부한 모든 것을 가르쳐 지키게 하라 볼지어다 내가 세상 끝날까지 너희와 항상 있으리라 하시니라"(마 28:20). 우리는 갇혀 있으나 소망을 품어야 합니다. 하나님이 다시 돌아오게 하시고 갑절로 갚아 주실 것이기 때문입니다.

용사처럼 담대해야 한다

하나님의 백성들에게 평화를 주신 하나님은 마지막 날에 그들을 괴롭게 한 대적에게 그 악행을 갚아 주시려고 일어나실 것입니다(12절). 그리고 하나님의 백성들을 '당긴 활'과 '끼운 화살'로 삼으시고, '용사의 칼'로 삼으셔서 심판을 이행하실 것입니다(13절). 이제 그들은 여호와의 심판에 함께 참여해서 그들을 괴롭히던 원수들을 멸하게 될 것입니다. 우리의 대장 되시는 여호와께서는 원수의 무리 위에 나타나셔서 강인한 군주의 모습으로 자신의 백성을 호위하시며 그 원수들을 심판하실 것입니다(14절). 그리고 제물에서 쏟아진 피가 흘러 제단을 적시듯 원수들의 피도 쏟아지게 될 것입니다(15절). 그날에 하나님의 백성들은 '왕관의 보석'같이 빛나게 될 것입니다(16절). 또한 구원받은 자들의 형통함과 풍성함은 다함이 없게 될 것입니다(17절). 그러니 용사처럼 담대하길 바랍니다.

성도는 이 땅이 주겠다고 외치는 거짓된 평화에 속아서는 안 됩니다. 이 땅에서 우리는 갇힌 자 같으나 소망을 품어야 합니다. 하나님은 우리를 무기로 삼아 날카로운 화살과 칼로 사용하실 것입니다. 하나님 나라의 비밀 무기로 쓰임 받는 복된 가정이 되길 바랍니다.

🔖 나눔

1. 답답한 상황에서도 하나님이 주시는 평화를 누리며 평안했던 경험이 있다면 가족과 나눠 보세요.
2. 하나님의 비밀 병기로서 이 사회의 어느 부분에서 쓰임을 받기 원하는지 가족과 나눠 보세요.

🔖 기도

하나님, 이 땅에서의 삶이 답답하게 느껴지는 저희는 하나님을 향한 소망을 품으며 살길 원합니다. 이 세상에서 나약한 존재로 사는 것이 아니라 하나님의 화살과 칼이 되어 영적 전쟁에서 승리하게 하소서. 평화의 왕이신 예수님의 이름으로 기도합니다. 아멘.

🔖 이번 주 우리 가족 미션

🔖 한 주의 생명 양식

1. ♥ 슥 8:14-23
2. ♥ 슥 9:1-8
3. ♥ 슥 9:9-17
4. ♥ 슥 10:1-12
5. ♥ 슥 11:1-8
6. ♥ 슥 11:9-17
7. ♥ 슥 12:1-9

48주

하나님의 약속으로 담대하라

- 스가랴 14:1-11
- 찬송가 546장 주님 약속하신 말씀 위에 서

스가랴 14장 1-11절

1 여호와의 날이 이르리라 그 날에 네 재물이 약탈되어 네 가운데에서 나누이리라
2 내가 이방 나라들을 모아 예루살렘과 싸우게 하리니 성읍이 함락되며 가옥이 약탈되며 부녀가 욕을 당하며 성읍 백성이 절반이나 사로잡혀 가려니와 남은 백성은 성읍에서 끊어지지 아니하리라
3 그 때에 여호와께서 나가사 그 이방 나라들을 치시되 이왕의 전쟁 날에 싸운 것 같이 하시리라
4 그 날에 그의 발이 예루살렘 앞 곧 동쪽 감람 산에 서실 것이요 감람 산은 그 한 가운데가 동서로 갈라져 매우 큰 골짜기가 되어서 산 절반은 북으로, 절반은 남으로 옮기고
5 그 산 골짜기는 아셀까지 이를지라 너희가 그 산 골짜기로 도망하되 유다 왕 웃시야 때에 지진을 피하여 도망하던 것 같이 하리라 나의 하나님 여호와께서 임하실 것이요 모든 거룩한 자들이 주와 함께 하리라
6 그 날에는 빛이 없겠고 광명한 것들이 떠날 것이라
7 여호와께서 아시는 한 날이 있으리니 낮도 아니요 밤도 아니라 어두워 갈 때에 빛이 있으리로다
8 그 날에 생수가 예루살렘에서 솟아나서 절반은 동해로, 절반은 서해로 흐를 것이라

여름에도 겨울에도 그러하리라
⁹ 여호와께서 천하의 왕이 되시리니 그 날에는 여호와께서 홀로 한 분이실 것이요 그의 이름이 홀로 하나이실 것이라
¹⁰ 온 땅이 아라바 같이 되되 게바에서 예루살렘 남쪽 림몬까지 이를 것이며 예루살렘이 높이 들려 그 본처에 있으리니 베냐민 문에서부터 첫 문 자리와 성 모퉁이 문까지 또 하나넬 망대에서부터 왕의 포도주 짜는 곳까지라
¹¹ 사람이 그 가운데에 살며 다시는 저주가 있지 아니하리니 예루살렘이 평안히 서리로다

일제 강점기의 시인이자 민족 운동가였던 심훈은 조국의 독립을 그리며 "그날이 오면"이란 시를 지었습니다. 시의 전반부만 소개하면 다음과 같습니다. "그날이 오면은/ 삼각산(三角山)이 일어나 더덩실 춤이라도 추고/ 한강물이 뒤집혀 용솟음 칠 그날이/ 이 목숨이 끊기기 전에 와 주기만 할 양이면/ 나는 밤하늘에 나는 까마귀와 같이/ 종로의 인경(人磬)을 머리로 들이받아 울리오리다." 비록 시인은 광복을 보지 못하고 숨을 거뒀지만, 그날이 오기를 학수고대하며 살았습니다. 오늘 본문도 여호와의 날의 도래를 간절히 기다리며 기록되었습니다. 현실이 힘들고 어려워도 반드시 올 여호와의 날을 확신하며 살아가면 승리할 수 있습니다.

인간의 끝이 하나님의 시작이다

오늘 본문은 여호와의 날을 묘사합니다. 그날이 이르면 하나님은 이방 나라들을 모아 예루살렘과 싸우게 하는 큰 전쟁을 일으키실 것입니다(1, 2절). 그날에 이방인들에 의해 예루살렘 성읍이 함락되고 그 안에 사는 자들은 철저히 유린당할 것입니다. 그리고 성읍 백성의 절반이나 타국으로 사로잡혀 갈 것입니다(2a절). 그러나 하나님은 성읍에 남은 백성은 그 성에

서 끊어지지 않을 것이라고 말씀하십니다(2b절). 결국 모든 것이 끝난 것 같은 상황에서 역전의 하나님이 일하기 시작하십니다. 만군의 여호와께서 나오셔서 이방 나라들을 치시고 그분의 백성을 구원하실 것입니다. 우리의 삶도 마찬가지입니다. 모든 것이 끝났다고 생각될 때, 내 힘으로는 할 수 있는 것이 없다고 여겨지는 그때, 하나님이 일하십니다.

여호와만이 천하의 왕이시다

그날에 여호와의 현현으로 인해서 산이 갈라지고 매우 큰 골짜기가 옮겨질 것입니다(4절). 그동안 이제까지 빛을 비추던 광명한 것들이 떠나가서 빛이 없어지게 됩니다. 그리고 어두워져 가는 때에 참된 빛이 여호와의 백성들에게 임할 것입니다(6,7절). 예루살렘에서 생수가 솟아나서 온 열방에 흐를 것입니다(8절). 이처럼 온 열방을 왕으로 통치하시는 하나님의 모습은, 천하의 왕이 되셔서 홀로 높임을 받으실 여호와를 보여 줍니다(9절). 하나님만이 천하의 왕이십니다. 그리고 우리는 왕의 자녀입니다. 이 사실을 믿는다면 우리는 여호와의 날이 도래하기까지 믿음으로 담대하게 살아갈 수 있습니다. 여호와만이 천하의 유일한 왕이십니다.

마지막 때에 여호와께서 세우시는 예루살렘은 '평화의 도시'라는 그 땅의 의미처럼 완전한 평안 가운데 설 것입니다(11b절). 여호와의 날을 확신하는 성도는 이 땅에서 흔들림이 없을 것입니다.

❸ 나눔

1. 내 삶에서 역전의 하나님을 경험한 적이 있다면 가족과 나눠 보세요.
2. 하나님을 만날 '그날'이 왔을 때 나는 어떤 모습으로 하나님을 맞이하고 싶은지 가족과 나눠 보세요.

❸ 기도

천하에 홀로 왕이신 하나님, 우리 가정이 하나님의 빛 아래 영원히 거하길 원합니다. 어둠을 물리쳐 주시고, 역전의 하나님을 믿어 어떤 순간에도 절망하지 않게 하소서. 하나님을 만날 그날까지 이 땅에서 분투하는 삶을 살게 하소서. 빛이신 예수님의 이름으로 기도합니다. 아멘.

❸ 이번 주 우리 가족 미션

❸ 한 주의 생명 양식

1. ♥ 슥 12:10-14
2. ♥ 슥 13:1-9
3. ♥ 슥 14:1-11
4. ♥ 슥 14:12-21
5. ♥ 말 1:1-14
6. ♥ 말 2:1-17
7. ♥ 말 3:1-6

49주

하나님은 심장을 살피신다

- 예레미야 17:1-11
- 찬송가 425장 주님의 뜻을 이루소서

예레미야 17장 1-11절

1 유다의 죄는 금강석 끝 철필로 기록되되 그들의 마음 판과 그들의 제단 뿔에 새겨졌거늘

2 그들의 자녀가 높은 언덕 위 푸른 나무 곁에 있는 그 제단들과 아세라들을 생각하도다

3 들에 있는 나의 산아 네 온 영토의 죄로 말미암아 내가 네 재산과 네 모든 보물과 산당들로 노략을 당하게 하리니

4 내가 네게 준 네 기업에서 네 손을 뗄 것이며 또 내가 너로 하여금 너의 알지 못하는 땅에서 네 원수를 섬기게 하리니 이는 너희가 내 노를 맹렬하게 하여 영원히 타는 불을 일으켰음이라

5 여호와께서 이와 같이 말씀하시니라 무릇 사람을 믿으며 육신으로 그의 힘을 삼고 마음이 여호와에게서 떠난 그 사람은 저주를 받을 것이라

6 그는 사막의 떨기나무 같아서 좋은 일이 오는 것을 보지 못하고 광야 간조한 곳, 건한 땅, 사람이 살지 않는 땅에 살리라

7 그러나 무릇 여호와를 의지하며 여호와를 의뢰하는 그 사람은 복을 받을 것이라

8 그는 물 가에 심어진 나무가 그 뿌리를 강변에 뻗치고 더위가 올지라도 두려워하지 아니하며 그 잎이 청청하며 가무는 해에도 걱정이 없고 결실이 그치지 아니함 같으리라

⁹ 만물보다 거짓되고 심히 부패한 것은 마음이라 누가 능히 이를 알리요마는
¹⁰ 나 여호와는 심장을 살피며 폐부를 시험하고 각각 그의 행위와 그의 행실대로 보응하나니
¹¹ 불의로 치부하는 자는 자고새가 낳지 아니한 알을 품음 같아서 그의 중년에 그것이 떠나겠고 마침내 어리석은 자가 되리라

정채봉 작가의 『처음의 마음으로 돌아가라』(샘터, 2006)라는 책에 보면 다음과 같은 내용이 있습니다.

세탁소에 갓 들어온 새 옷걸이한테 헌 옷걸이가 한마디 하였다.

"너는 옷걸이라는 사실을 한시도 잊지 말길 바란다."

"왜 옷걸이라는 것을 그렇게 강조하시는지요?"

"잠깐씩 입혀지는 옷이 자기의 신분인양 교만해지는 옷걸이들을 그동안 많이 보았기 때문이다."

하나님은 우리의 마음 중심이 하나님 앞에 바로 서 있기를 원하십니다. 본문은 "그들의 마음 판"(1절), "마음이 여호와에게서 떠난 그 사람은 저주를 받을 것이라"(5절), "만물보다 거짓되고 심히 부패한 것은 마음이라"(9절), "나 여호와는 심장을 살피며"(10절)라고 반복해서 마음을 언급합니다. 그렇다면 우리는 어떻게 해야 마음을 잘 관리 할 수 있을까요?

굳은 마음을 제거하라

본문 1절부터 4절까지는 굳은 마음에 대해서 말씀합니다. "유다의 죄는 금강석 끝 철필로 기록되되 그들의 마음 판과 그들의 제단 뿔에 새겨졌거늘"(1절). 유다의 죄는 금강석 끝 철필로 기록되어서 지울 수 없습니다. 제단 뿔에 죄를 새겼다는 것은 그들이 우상 숭배에 빠졌다는 것을 말합니다.

"그들의 자녀가 높은 언덕 위 푸른 나무 곁에 있는 그 제단들과 아세라들을 생각하도다"(2절). 부모의 죄는 자녀들에게 영향을 주어 자녀들까지 아세라에 빠졌습니다. "내가 네게 준 네 기업에서 네 손을 뗄 것이며 또 내가 너로 하여금 너의 알지 못하는 땅에서 네 원수를 섬기게 하리니 이는 너희가 내 노를 맹렬하게 하여 영원히 타는 불을 일으켰음이라"(4절). 하나님이 주신 기업을 빼앗기고, 알지도 못하는 땅으로 끌려가서 그들의 원수들을 섬기게 됩니다. 사람은 신뢰의 대상이 아니며, 우상 숭배는 저주를 받게 됩니다. 하나님에게서 멀어진 마음, 식은 마음, 굳어진 마음을 제거해야 합니다.

하나님을 의지하라

복을 받는 지름길은 하나님을 의지하는 것입니다. "그러나 무릇 여호와를 의지하며 여호와를 의뢰하는 그 사람은 복을 받을 것이라"(7절). 복에 대해 이것보다 명확한 선언은 없습니다. 강변에 뿌리를 내린 나무는 강한 햇살이 두렵지 않습니다. 도리어 햇볕 때문에 더욱 크게 성장합니다(8절). 문제는 환경이 아니라 뿌리가 어디에 놓여 있는가입니다. 하나님은 사람의 심장을 살피시는 분입니다. 하나님을 마음을 다해 의지하는 복된 가정이 되길 바랍니다.

본문은 자고새 이야기로 끝이 납니다. 불의로 치부하는 자는 자고새와 같다고 합니다(11절). 자고새는 남의 알을 훔쳐서 품는다는 속설이 있습니다. 즉, 자고새는 변질된 마음으로 열매를 맺으려는 사람을 의미합니다. 하나님은 마음을 살피시는 분입니다. 순결한 마음으로 하나님만을 의지하는 복된 가정이 되길 바랍니다.

나눔

1. 하나님이 보시기에 내 마음은 어떤 색일지 생각해 보고 그 이유를 가족과 나눠 보세요.
2. 하나님을 향한 나의 첫 마음과 지금의 마음을 비교하고 그 차이를 가족과 나눠 보세요.

기도

우리 가정의 중심을 살피시는 하나님, 우리 가정이 마음을 다해 하나님만 섬기는 가정이 되게 해 주세요. 하나님이 행하신 일들을 우리 가정이 했다고 가로채지 않게 하시고, 하나님만을 간증하는 가정이 되게 해 주세요. 중심을 살피시는 예수님의 이름으로 기도합니다. 아멘.

이번 주 우리 가족 미션

한 주의 생명 양식

1. 말 3:7-18
2. 말 4:1-6
3. 렘 15:1-9
4. 렘 15:10-21
5. 렘 16:1-13
6. 렘 16:14-21
7. 렘 17:1-11

50주

하나님의 주권을 인정하라

- 예레미야 18:1-12
- 찬송가 539장 너 예수께 조용히 나가

예레미야 18장 1-12절

1 여호와께로부터 예레미야에게 임한 말씀에 이르시되

2 너는 일어나 토기장이의 집으로 내려가라 내가 거기에서 내 말을 네게 들려 주리라 하시기로

3 내가 토기장이의 집으로 내려가서 본즉 그가 녹로로 일을 하는데

4 진흙으로 만든 그릇이 토기장이의 손에서 터지매 그가 그것으로 자기 의견에 좋은 대로 다른 그릇을 만들더라

5 그 때에 여호와의 말씀이 내게 임하니라 이르시되

6 여호와의 말씀이니라 이스라엘 족속아 이 토기장이가 하는 것 같이 내가 능히 너희에게 행하지 못하겠느냐 이스라엘 족속아 진흙이 토기장이의 손에 있음 같이 너희가 내 손에 있느니라

7 내가 어느 민족이나 국가를 뽑거나 부수거나 멸하려 할 때에

8 만일 내가 말한 그 민족이 그의 악에서 돌이키면 내가 그에게 내리기로 생각하였던 재앙에 대하여 뜻을 돌이키겠고

9 내가 어느 민족이나 국가를 건설하거나 심으려 할 때에

10 만일 그들이 나 보기에 악한 것을 행하여 내 목소리를 청종하지 아니하면 내가 그에

게 유익하게 하리라고 한 복에 대하여 뜻을 돌이키리라
¹¹ 그러므로 이제 너는 유다 사람들과 예루살렘 주민들에게 말하여 이르기를 여호와의 말씀에 보라 내가 너희에게 재앙을 내리며 계책을 세워 너희를 치려 하노니 너희는 각기 악한 길에서 돌이키며 너희의 길과 행위를 아름답게 하라 하셨다 하라
¹² 그러나 그들이 말하기를 이는 헛되니 우리는 우리의 계획대로 행하며 우리는 각기 악한 마음이 완악한 대로 행하리라 하느니라

하나님의 주권을 인정하지 않는 순간, 삶에서 혼란이 시작됩니다. 반면 하나님의 주권을 인정하는 순간, 삶은 제자리를 찾고 평안이 깃들게 됩니다. 하나님의 주권을 인정하는 가정이 되길 바랍니다.

하나님은 토기장이이시다

본문에서 하나님은 예레미야를 토기장이의 집으로 인도하십니다. 그곳에서 예레미야 선지자가 본 것은 토기장이가 만든 진흙 그릇이 터지는 장면이었습니다. 토기장이는 의도대로 만들어지지 않은 그릇을 터트리고, "자기 의견에 좋은 대로"(4절) 다른 그릇을 만들기로 합니다. 본문의 '좋은 대로'의 원어인 '야샤르'라는 단어에는 '좋아하다'라는 의미와 함께, '곧게 하다', '똑바로 하다'라는 의미가 있습니다. 즉 하나님은 계획하신 바를 가지고 토기 모양을 최선을 다해 만들어 가신다는 것입니다. 심지어 악인들 역시 하나님의 주권에 속합니다. "여호와께서 온갖 것을 그 쓰임에 적당하게 지으셨나니 악인도 악한 날에 적당하게 하셨느니라"(잠 16:4). 하나님은 만국과 때로는 악한 영들까지도 하나님의 뜻을 이루시기 위해 사용하십니다. 하물며 그분의 택하신 백성들은 어떻겠습니까. 하나님은 만국의 하나님이시며 만왕의 왕이시기에, 모든 나라의 역사와 흥망성쇠를 주관하십니다.

우리의 행위와 길을 아름답게 해야 한다

인생과 삶에 대한 심판의 주권을 가지신 하나님이 죄악 가운데 빠진 유다와 예루살렘 주민에게 하나님의 계획을 알려 주십니다. "내가 너희에게 재앙을 내리며 계책을 세워 너희를 치려 하노니"(11a절). 하나님이 굳이 알려 주지 않으셔도 되는 그분의 계획을 알려 주시는 이유는 유다와 예루살렘이 회개하고 돌이키기를 원하시기 때문입니다. "너희는 각기 악한 길에서 돌이키며 너희의 길과 행위를 아름답게 하라 하셨다 하라"(11b절). '아름답게 하라'는 단어의 원어는 '복을 받다', '좋게 여기다', '유익하다'라는 뜻을 지닌 동사 '야타브'의 사역 명령형으로, '선하게 하라', '아름답게 하라'는 뜻으로 번역할 수 있습니다. 결국 하나님은 징계를 말씀하시는 것처럼 보이지만, 사실은 하나님의 백성이 복을 받고 회복되는 자리로 돌아오기를 원하고 계십니다.

그런데 유다와 예루살렘은 이런 하나님의 마음도 모르고, 더욱 완악하여 죄를 짓습니다. "그러나 그들이 말하기를 이는 헛되니 우리는 우리의 계획대로 행하며 우리는 각기 악한 마음이 완악한 대로 행하리라 하느니라"(12절). 하나님이 주신 회개의 기회를 무시합니다. 하나님의 말씀을 의도적으로 경멸하고 조롱합니다. 하나님의 심판이 자신들에게 미치지 못한다고 착각하는 것입니다. "우리는 우리 마음대로 할 테니, 하나님도 하나님 마음대로 하세요!"라는 태도를 보이는 것입니다. 얼마나 어리석은 모습입니까! 하나님의 주권을 인정해야 복된 가정이 됩니다. 회개 기회를 주시는 하나님의 호의에 믿음으로 반응하는 복된 가정이 되길 바랍니다.

🔖 나눔

1. 토기장이이신 하나님이 나를 어떤 도구로 만드신 것 같은지 가족과 나눠 보세요.
2. 나의 길과 행위를 아름답게 하기 위한 나의 다짐을 가족과 나눠 보세요.

🔖 기도

지금도 우리 가정을 아름답게 빚고 계시는 하나님, 감사합니다. 하나님의 손안에서 하나님이 보시기에 좋은 가정으로 변화하는 가정이 되게 하소서. 교만하지 않게 하시고 하나님의 말씀을 생명처럼 여기는 가정이 되게 하소서. 토기장이 되신 예수님의 이름으로 기도합니다. 아멘.

🔖 이번 주 우리 가족 미션

🔖 한 주의 생명 양식

1. ♥ 렘 17:12-18
2. ♥ 렘 17:19-27
3. ♥ 렘 18:1-12
4. ♥ 렘 18:13-23
5. ♥ 렘 19:1-6
6. ♥ 렘 19:7-15
7. ♥ 렘 20:1-6

51주

예수님만이 참 목자이시다

- 예레미야 23:1-8
- 찬송가 569장 선한 목자 되신 우리 주

예레미야 23장 1-8절

1 여호와의 말씀이니라 내 목장의 양 떼를 멸하며 흩어지게 하는 목자에게 화 있으리라
2 그러므로 이스라엘의 하나님 여호와께서 내 백성을 기르는 목자에게 이와 같이 말씀하시니라 너희가 내 양 떼를 흩으며 그것을 몰아내고 돌보지 아니하였도다 보라 내가 너희의 악행 때문에 너희에게 보응하리라 여호와의 말씀이니라
3 내가 내 양 떼의 남은 것을 그 몰려 갔던 모든 지방에서 모아 다시 그 우리로 돌아오게 하리니 그들의 생육이 번성할 것이며
4 내가 그들을 기르는 목자들을 그들 위에 세우리니 그들이 다시는 두려워하거나 놀라거나 잃어 버리지 아니하리라 여호와의 말씀이니라
5 여호와의 말씀이니라 보라 때가 이르리니 내가 다윗에게 한 의로운 가지를 일으킬 것이라 그가 왕이 되어 지혜롭게 다스리며 세상에서 정의와 공의를 행할 것이며
6 그의 날에 유다는 구원을 받겠고 이스라엘은 평안히 살 것이며 그의 이름은 여호와 우리의 공의라 일컬음을 받으리라
7 그러므로 여호와의 말씀이니라 보라 날이 이르리니 그들이 다시는 이스라엘 자손을 애굽 땅에서 인도하여 내신 여호와의 사심으로 맹세하지 아니하고
8 이스라엘 집 자손을 북쪽 땅, 그 모든 쫓겨났던 나라에서 인도하여 내신 여호와의 사

심으로 맹세할 것이며 그들이 자기 땅에 살리라 하시니라

어느 시대나 리더는 높고 깊은 자질을 갖추어야 합니다. 존 맥스웰 목사님은 『리더가 알아야 할 7가지 키워드』(두란노서원, 2012)라는 책에서 이렇게 말했습니다. "리더십은 좋은 의도에 기초해야 합니다. 좋은 의도란 거짓된 태도를 갖지 않는 것이며 적어도 사람들을 이용하지 않는 것입니다. 위대한 리더는 권위를 포기함으로써 권위를 얻습니다." 리더가 권위를 움켜쥐려고 할 때 팔로워는 힘들 수밖에 없습니다. 예레미야는 종교적·사회적 부패를 자행한 그들을 거짓 목자에 비유했습니다. 고대 근동 시대에 '목자'라는 말은 대개 왕이나 신, 혹은 국가의 지도자들을 가리키는 표현으로 널리 사용되었습니다. 오늘 본문 말씀은 거짓 목자와 참된 목자를 비교함으로써 참된 목자이신 예수 그리스도를 소망하게 합니다.

참 목자가 다시 회복시킬 것이다

예레미야 23장 1절에서 4절까지는 멸망할 현재의 목자들에 대한 비난과, 양 떼를 돌보게 될 미래의 참 목자에 대한 희망을 대조시킵니다. 원래 목자들은 사나운 맹수로부터 양 떼를 보호하는 책임을 맡은 자들입니다. 그러나 당시 목자들은 오히려 양 떼를 멸망으로 이끄는 사나운 맹수로 묘사됩니다. 아마 이 목자들은 이스라엘의 지도자들, 특히 왕들을 가리키는 듯합니다. 목자들의 책임 부재와 양 떼에 대한 무관심은 결국 양 떼의 멸망을 초래합니다. 그럼에도 불구하고 오늘 본문에서는 여호와께서 목자들로 인해 흩어진 양 떼를 다시 회복시키며 그들을 '생육하고 번성'하도록 복을 주실 것임을 약속합니다(3,4절). 하나님이 흩어진 양 떼를 다시 모으

실 것입니다. 이는 포로로 잡혀간 유다가 때가 되면 다시 예루살렘으로 귀환할 것을 의미합니다. 그들이 거짓 목자로 인해 흩어졌다면 이제 선한 목자로 인해 안전하게 보호받을 것입니다. 그들의 안전과 위험은 그들 위에 어떤 목자들이 세워지는지에 달려 있습니다.

참된 목자는 예수 그리스도이시다

하나님은 다윗에게 한 의로운 가지를 일으키실 것입니다(5, 6절). '의로운 가지'란 다윗의 혈통에서 나올 왕을 의미합니다. 그 왕은 공의와 정의를 행할 것입니다. 그로 인해 유다는 구원을 얻겠고 이스라엘은 평안을 얻을 것입니다. 그리고 그 왕은 "여호와 우리의 공의"라 일컬음을 받게 될 것입니다. 여기서 말하는 다윗에게서 나올 의로운 왕은 예수 그리스도를 예표합니다. 이스라엘을 애굽에서 인도해 내신 하나님과 쫓겨난 곳에서 인도해 내신 하나님은 동일한 하나님이십니다. 그럼에도 불구하고 하나님이 정하신 날이 이르렀을 때 이스라엘은 "애굽 땅에서 인도하여 내신 여호와의 사심으로 맹세하지 아니하고 이스라엘 집 자손을 북쪽 땅, 그 모든 쫓겨났던 나라에서 인도하여 내신 여호와의 사심으로 맹세할 것"(7, 8절)이라고 합니다. 이 말씀은 나중에 행하실 구원의 역사가 처음 행하신 구원의 역사보다 더 위대하다는 뜻입니다. 메시아를 통해 인류를 구원할 이 일은 출애굽 사건과는 비교도 할 수도 없을 정도로 위대한 구원 역사입니다.

예수님은 "나는 선한 목자"(요 10:11)라고 선언하셨습니다. 예수님은 양 떼를 인도하시고, 도적들에게서 보호하십니다. 그분은 양 아흔아홉 마리를 떠나 잃어버린 양 한 마리를 찾아다니시는 희생적인 목자입니다(눅 15:4-6). 예수님만을 온전히 따르는 복된 가정이 되길 바랍니다.

❸ 나눔

1. 내가 만난 최고의 리더를 가족에게 소개해 보세요.
2. 예수님은 나에게 어떤 목자이신지 가족과 나눠 보세요.

❸ 기도

우리 가정을 푸른 풀밭으로 인도하시는 하나님, 감사합니다. 우리 가정을 악한 목자의 손 아래에 두지 마시고, 사망의 음침한 골짜기를 다닐지라도 선한 목자로 인해 담대하게 하소서. 우리 가정을 구원하실 예수님의 이름으로 기도합니다. 아멘.

❸ 이번 주 우리 가족 미션

❸ 한 주의 생명 양식

1 ♥ 렘 20:7-18
2 ♥ 렘 21:1-7
3 ♥ 렘 21:8-14
4 ♥ 렘 22:1-9
5 ♥ 렘 22:10-19
6 ♥ 렘 22:20-30
7 ♥ 렘 23:1-8

52주

구원자를 보내신 하나님께 감사하라

- 누가복음 2:22-40
- 찬송가 176장 주 어느 때 다시 오실는지

누가복음 2장 22-40절

22 모세의 법대로 정결예식의 날이 차매 아기를 데리고 예루살렘에 올라가니
23 이는 주의 율법에 쓴 바 첫 태에 처음 난 남자마다 주의 거룩한 자라 하리라 한 대로 아기를 주께 드리고
24 또 주의 율법에 말씀하신 대로 산비둘기 한 쌍이나 혹은 어린 집비둘기 둘로 제사하려 함이더라
25 예루살렘에 시므온이라 하는 사람이 있으니 이 사람은 의롭고 경건하여 이스라엘의 위로를 기다리는 자라 성령이 그 위에 계시더라
26 그가 주의 그리스도를 보기 전에는 죽지 아니하리라 하는 성령의 지시를 받았더니
27 성령의 감동으로 성전에 들어가매 마침 부모가 율법의 관례대로 행하고자 하여 그 아기 예수를 데리고 오는지라
28 시므온이 아기를 안고 하나님을 찬송하여 이르되
29 주재여 이제는 말씀하신 대로 종을 평안히 놓아 주시는도다
30 내 눈이 주의 구원을 보았사오니
31 이는 만민 앞에 예비하신 것이요
32 이방을 비추는 빛이요 주의 백성 이스라엘의 영광이니이다 하니

33 그의 부모가 그에 대한 말들을 놀랍게 여기더라
34 시므온이 그들에게 축복하고 그의 어머니 마리아에게 말하여 이르되 보라 이는 이스라엘 중 많은 사람을 패하거나 흥하게 하며 비방을 받는 표적이 되기 위하여 세움을 받았고
35 또 칼이 네 마음을 찌르듯 하리니 이는 여러 사람의 마음의 생각을 드러내려 함이니라 하더라
36 또 아셀 지파 바누엘의 딸 안나라 하는 선지자가 있어 나이가 매우 많았더라 그가 결혼한 후 일곱 해 동안 남편과 함께 살다가
37 과부가 되고 팔십사 세가 되었더라 이 사람이 성전을 떠나지 아니하고 주야로 금식하며 기도함으로 섬기더니
38 마침 이 때에 나아와서 하나님께 감사하고 예루살렘의 속량을 바라는 모든 사람에게 그에 대하여 말하니라
39 주의 율법을 따라 모든 일을 마치고 갈릴리로 돌아가 본 동네 나사렛에 이르니라
40 아기가 자라며 강하여지고 지혜가 충만하며 하나님의 은혜가 그의 위에 있더라

오늘도 우리 삶에는 감사할 이유가 있지만, 사탄은 감사를 내일로 미루게 합니다. 우리가 오늘 감사해야 할 것이 많지만, 그중에서도 구원에 대한 감사를 잊지 말아야 합니다. 구원에 대한 감사가 가득하다면, 우리는 오늘도 승리하는 삶을 살 수 있습니다.

하나님의 구원 계획은 반드시 성취된다

모세가 명한 율법을 따라 남자아이는 태어난 지 40일이 지나면 예루살렘 성전에 데리고 가서 제사를 드려야만 했습니다(레 12장). 경건한 예수님의 부모는 율법의 명령을 따라 아기 예수를 데리고 예루살렘에 올라가서 제사를 드렸습니다. 이 예루살렘 성전에서 예루살렘 사람 시므온은 의롭고 경건해서 이스라엘이 받을 위로를 기다리고 있었습니다(25절). 시므온

은 "주의 그리스도(기름 부음 받은 자)를 보기 전에는 죽지 아니하리라" 하는 성령의 지시를 받았습니다(26절). 성전에서 만난 시므온은 아기 예수를 안고 하나님을 찬송했습니다. 시므온의 이 찬송은 "이제는 놓아 주시는도다"(Nunc Dimittis)로 잘 알려진 메시아 찬송입니다"(29-32절). 이 찬송을 보면 시므온이 얼마나 메시아의 오심을 고대하고 사모했는지를 알 수 있습니다. 늙고 고달픈 몸을 이끌고 살아가는 그에게 주어진 사명은 이 땅에 오신 메시아를 눈으로 보고 증거하는 것이었습니다. 하나님은 약속을 따라 예수 그리스도를 이 땅에 보내시고 구원하십니다. 우리 역시 시므온처럼 하나님의 구원을 찬양해야 합니다.

하나님의 구원 은혜는 흘러넘친다

아주 오랜 인내의 시간 뒤에 안나는 그토록 기다리던 예수님을 만났습니다. 그 순간 얼마나 큰 감동을 받고 감격했을지 생각만 해도 설레고 도전이 됩니다. 중요한 것은 바로 이 부분입니다. 노년의 안나는 혼자만 그 충만함을 누린 것이 아니라 예루살렘의 속량을 바라는 모든 사람에게 예수님에 대해 말하며 기쁨을 나눕니다(38절). 하나님은 모든 사람이 구원받기를 원하십니다. 그리고 우리 교회, 우리 가정을 통해서 구원의 은혜가 이웃으로 흘러가길 원하십니다.

시므온과 안나는 오랜 시간 예수 그리스도를 만나길 고대하며, 매일 메시아를 맞이할 마음을 품고 살았습니다. 그래서 메시아를 만났을 때, 감격했고 감사하는 마음으로 충만했습니다. 우리 역시 예수 그리스도를 만날 날을 매일같이 준비하며 살아야 할 것입니다.

🌷 나눔

1. 나는 오늘 해야 할 일을 내일로 미루는 습관이 있나요? 어떤 부분에서 미루게 되는지 가족과 나눠 보세요.
2. 예수님을 만난 시므온과 안나처럼, 오늘 예수님을 만난다면 나는 어떤 고백을 할 것 같은지 가족과 나눠 보세요.

🌷 기도

우리 가정을 구원하시기 위해 계획을 세우시고 반드시 성취하시는 하나님, 감사합니다. 우리 가정이 시므온과 안나처럼 매일같이 예수님을 만날 날을 준비하며 삶을 살게 하소서. 그날까지 인내하게 하시고, 성전을 가까이하게 하소서. 구원자이신 예수님의 이름으로 기도합니다. 아멘.

🌷 이번 주 우리 가족 미션

🌷 한 주의 생명 양식

1. ♥ 눅 1:1-25
2. ♥ 눅 1:26-38
3. ♥ 눅 1:39-56
4. ♥ 눅 1:57-66
5. ♥ 눅 1:67-80
6. ♥ 눅 2:1-21
7. ♥ 눅 2:22-40